しなれる	またれる	はなされる	きかれる	あ
しに	まち	はなし	きき	い
しぬな	まつな	はなすな	きくな	う
しね	まて	はなせ	きけ	え
（の）	（と）	（そ）	（こ）	（お）

だ	ざ	およがれる
ぢ	じ	およぎ
づ	ず	およぐな
で	ぜ	およげ
（ど）	（ぞ）	（ご）

ニュー・システムによる
日本語

中文
（繁体語）
日本語

New System Japanese

[下]

中国語版

海老原峰子 著

張金塗 訳

特許取得学習法

現代人文社

『ニュー・システムによる日本語（中国語版）〔下〕』の刊行にあたって

　今日、日本での進学のみならず就労目的で入国した外国人が長期間日本で仕事を続けるために、日本語能力試験 N4 の取得が最重要の課題となっています。

　これまで初級教科書『ニュー・システムによる日本語』の第 21 課から第 50 課までは英語版しかありませんでしたが、ここ数年アジアの言語の翻訳版に関する問い合わせが急増し、中でも中国語版は最も多くの要望が寄せられていました。

　2023 年に英語版の『ニュー・システムによる日本語　続編』（第 21 課〜第 50 課）が台湾で中国語に翻訳され、『海老原日本語　下』（鴻儒堂出版社）として出版が実現しました。これが、この度日本で『ニュー・システムによる日本語（中国語版）〔下〕』として刊行されます。書名は「続編」から「下」に変わりましたが、内容に変更はありません。

　日本での出版にあたり、鴻儒堂出版社の黄成業氏および現代人文社の成澤壽信氏に心から謝意を表します。

2024 年 4 月

海老原峰子

目　録

◇休まれますか。◇お使いください。◇渡していただけますか。

◇ペナンへ行ったことはありますか。◇海もきれいだし、物も安いですよ。
◇すぐにうまくなりますよ。◇ちょっと大変でしょうね。◇泳げないので、
ちょっと大変だろう。

◇一つ持ちましょうか。◇古い雑誌だって言っていました。「すぐに持っ
てきて下さい」と頼んだ。◇後で聞いてみます。◇めがねをかけた人＝め

がねをかけている人

りますよ。◇さっきもらって飲みました。

壊れてしまったのかもしれない。◇30分ぐらいで訳してしまった。◇4月に買ったばかりでしょう。

第36課　　　　　　　　　　　　　　　　　　　　　　103
◇10時を過ぎたのに、まだ帰って来ないね。◇お見舞いに行かなきゃいけないんです。

第37課　　　　　　　　　　　　　　　　　　　　　　108
◇雨が降りそうですね。◇降り出しました。◇一本貸してあげます。

第38課　　　　　　　　　　　　　　　　　　　　　　116
◇小林さんが手伝ってくれた。◇母に送ってもらったんです。◇連れて（い）ってやろうと思うんです。

第39課　　　　　　　　　　　　　　　　　　　　　　124
◇だんだん雲が多くなり、風も強くなってきた。◇9時のニュースによると、台風13号が来ているそうです。◇そうだといいんですけど。◇味がからすぎる。

第40課　　　　　　　　　　　　　　　　　　　　　　130
◇あまりよくないらしいです。◇薬を飲んでも熱が下がらないらしいんです。◇4月になると桜が見られます。

第41課　　　　　　　　　　　　　　　　　　　　　　137
◇名古屋に転勤することになったそうですね。◇今月中に移ることにしました。◇遊んでばかりいる。

す。◇できるだけ食べるようにします。

まえがき

　これまでの日本語教育は、日本語のシンプルで機能的なシステムを無視し、偏った知識と不自然な表現を指導してきました。また、基礎の重要項目を初期に教えないため、学習に著しく時間がかかっていました。そこから脱却し、母語話者が使うような日本語とその基となる日本語本来の法則を学ぶために『ニュー・システムによる日本語』は作られました。これにより初級日本語教育が大きく様変わりし、第1課から第20課までを学習することによって、日本語の最も重要な部分を学習段階の早い時期に習得できるようになりました。

　『ニュー・システムによる日本語』第20課までを終えた時点で学習者には強固な基礎が築かれていますから、そのあとはどの教科書を使っても容易に学習が継続でき、初級レベル（現在の日本語能力試験N4）修了までの道のりが従来の約半分に短縮されます。しかしこの教科書の続きを希望される声が多く寄せられましたので、公開していなかった第21課から第50課までを「続編」として出版することにしました。

　「続編」で導入される文型はどれも『ニュー・システムによる日本語』の第6課までが理解できていればきわめて容易に習得できます。

　なお、他の教科書で学習し、基本的な動詞のシステム（活用ラインの概念）を習得していない学習者は、まず『ニュー・システムによる日本語』（第1課〜第20課）を終えてから、この「続編」をお使い下さい。

2023年　　　　　　　　　　　　　　　　　　　　　　　海老原峰子

中国語版出版に当たって

　今回『ニュー・システムによる日本語　続編』を中国語に翻訳し、『海老原日本語（下）』として出版するに当たり、ご尽力いただいた高雄科技大学の張金塗先生にこの場を借りて心から謝意を表したい。

2023年2月　　　　　　　　　　　　　　　　　　　　　　海老原峰子

前　言

　　迄今的日語教育忽視日語又簡單又機能性系統，一直指導片面知識和不自然的表現。而且因為初期不教基礎的重要項目導致明顯要花費時間學習。為了要從此擺脫，學習母語說話者使用的日語與身為其基礎的日語原本法則，筆者開創了『海老原日本語』。藉此，初級日語教育大幅改變，透過第1課到第20課的學習，變成能夠於早期學習階段習得日語最重要部分。

　　『海老原日本語』因為在學完第20課後就建構了強固的基礎，所以之後不管使用何種教科書都能夠容易地繼續學習，學習完初級程度（現在的日語能力測驗N4）的路程縮短約以前的一半。但是由於希望出版本教科書續編的呼聲大量湧至，所以決定將未公開的第21課至第50課作為續編出版。

　　續編中導入的句型只要能夠理解『海老原日本語』第6課為止的所有句型就能夠極為容易習得日語。

　　再者，使用其他教科書學習，未習得基本性動詞系統（活用行的概念）的學習者，請先學習完『海老原日本語』（第1課～第20課）之後再使用本續篇（『海老原日本語（下）』）。

2023年

海老原峰子

值中文版出版之際

　　值此中文版付梓出版之際，向為本教材的翻譯工作傾注心血的高雄科技大學的張金塗教授表示衷心的感謝。

2023年2月

海老原峰子

本書の考え方

１．話し言葉と書き言葉の区別

　日本語は話し言葉と書き言葉が異なる。しかし他の多くの教科書では話し言葉が体系的に指導されておらず、「会話」が書き言葉で作られているため、日本人の会話が聞き取れるようにならない。例を上げると、「会話」で「……なければなりません」、「……てしまいました」などである。このような日本人が使わないような表現で会話練習をすると、学習者は不自然な日本語を話すようになるのは言うまでもない。

　この教科書では話し言葉と書き言葉の違いを明確に指導し、学習者が日本人の話していることを聞き取れるだけでなく、自らも話し言葉で発話できるようになることを目指している。（資料３参照）

２．文章と会話

　日本語において文章の丁寧体と普通体の使い分けは概ね次のようになっている。

◎丁寧体：手紙、メール、パンフレット、小学校の教科書

◎普通体：新聞、雑誌、小説、書類その他

　日常的な事柄を丁寧体で書くと小学生の作文のようになるので、本書では文章は普通体を用い、まずこれに慣れさせるようにしている。丁寧体の文は簡単なので、宿題で各課の「文章」を丁寧体に転換する程度で良い。

　文章を書かせるときのポイントは、各課に示してあるルールに従い、書き言葉を用いることである。本課にも説明してあるが、話し言葉の「んです」と違い、書き言葉では「のです・のだ」の使用は制限されており、理由や状況説明

を述べたいときにのみ使う。

「会話」は丁寧体（polite）と普通体（non-polite）の両方を扱っている。

3．初級日本語習得のカギとなる動詞活用

「まえがき」で、新しく導入される文型はどれも第6課までが理解できていればきわめて容易に習得できると述べたが、最も顕著なのが動詞の活用である。

グループ1動詞がそれぞれ独自の活用ライン上で活用することを知っているので、新しく導入される活用形や文型も同様のイメージで覚えることができる。

	既習の活用形	例（いく）	第21課以降導入の一部	G-1動詞例（いく）	G-2動詞例（みる）	くる	する
a	ない形	いかない	れる・られる形	いかれる	みられる	こられる	される
i	ます形	いきます	名詞形	いき	み	き	し
u	辞書形	いく	禁止形	いくな	みるな	くるな	するな
e	ば形	いけば	命令形	いけ	みろ	こい	しろ
o	よう形	いこう					
	て形	いって					

4．時代に則した敬語指導

日本人は親しくない人と話をするときはほとんどの場合敬語を用いる。つまり敬語は日常的にごく普通に使われているのだ。留学または就職、研修の目的で日本に来た学習者は、学校や職場で親しくない人とやり取りをしなければならないので、敬語に慣れておくと大きなメリットがある。

敬語の概念と使い方は既に第5課、第8課、第11課で説明し、語彙としては「おっしゃる」、「いらっしゃる」と「おる」を導入した。本テキストでは、

特に使用頻度の高い敬語を自然に使えるようになることを目指している。

　敬語にはよく使う敬語とあまり使わない敬語がある。今日ではカジュアルな尊敬語である「れる・られる」が広く使われているので、学習者はまずこれに慣れる必要がある。かなり目上の人や改まった場面では通常の尊敬語「お……になる」を使うが、現在では使用頻度はあまり高くなく、毎日のように顔を合わせる職場の上司や知り合いにこの種の敬語はあまり使わない。日常生活でも仕事でも「お……になる」や「お……する」を使うと丁寧すぎる印象になるが、カジュアル敬語と呼んでいる「れる・られる」を使うと固くならずにすむ。カジュアル敬語は頻繁に使うので、ぜひ使いこなせるようになりたいものだ。謙譲語は使わなくてもそれほど失礼にならないが、尊敬語は必須と言って良い。

　従って従来の教科書のように敬語を初級の最後の方にまとめて導入するのでなく、使用頻度の高い尊敬語「れる・られる」を本書の冒頭第21課で導入している。

5．そのままでは使わない文型

　新しい文型を導入する際、相手にそのまま使えないものについては、その都度その文型の使い方、使える場合などを明確に指導するべきである。例えば「……てはいけない」「……なさい」などは、学習者が大人とコミュニケーションする場合、そのまま使ったり使われたりすることはまずないだろう。命令形や禁止形もしかりで、これらは「パスポートを見せろと言われる」、「忘れるなと言った」などのように引用文として使うことを覚えてもらう。

6．助詞「は」の用法及び「〜は〜が〜」構文の虚構

1）トピックの言葉が文の述語と格関係を持つ場合

ある言葉「○○」をトピックにして発話するとき、その言葉「○○」と述語との格関係が決まっている場合は、「○○では」、「○○には」、「○○がは」などとなる。これらは既に学習した。

2）上記以外の場合

　あること「○○」について話をしようとする時点で、述語をまだ決めていない場合がある。また、述語や文を決めていたとしても、必ずしもトピックである「○○」がその述語と格関係を持つとは限らない。そのようなとき、「○○について言えば」の意味で「○○は」と切り出す。英語で「asfor」にあたる言い方であるが、英語の「asfor」よりはるかに使用頻度が高い。「は」の用法として広く使われているので、学習者は慣れておくと良い。

例　a）Q：田中さん、どうしていますか。

　　　　A：ああ、田中さんは、先週息子さんが結婚したんですよ。

　　b）Q：佐藤さんは、いますか。

　　　　A：佐藤さんは、今お客さんが来ているんです。

　なお、よく知られている「象は鼻が長い」や「うなぎ文」もこの用法であると言える。

　　c）象は鼻が長い＝象について言えば、鼻が長い

　　　ここで、「象は」は「長い」と格関係はない。「長い」の主語は「鼻が」である。

　　d）僕はうなぎだ＝僕について言えば、うなぎだ。

　　　ここで、「僕は」は「うなぎだ」と格関係はない。不要だから示されていないが、「注文は」などが主語である。

これらはごく普通に用いられている正しい表現であり、あたかも特殊な表現

であるかのように「……文」などと命名する必要はないと思われる。もちろん、「〜は〜が〜」構文という「仕分け」も不要である。

7. 助詞「は」についての誤った「法則」

「続編」では複文や従属節を多く扱うが、助詞「は」はそれらに影響されない。「は」を使うかどうかは、はあくまでも述語または文のトピックになっているかどうかであり、従属節であるかどうかとは関係ない。

例　a）白いのは汚れるから黒いのを買おう。

　　　　　ここで、「白いのは汚れる」は理由を示す従属節で、「白いのは」は「汚れる」のトピックである。

　　　b）これはお金にはならない仕事だ。

　　　　　ここで、「これはお金にはならない」は連体修飾節で、「お金には」は「ならない」のトピック（否定を表す）である。

　　　c）これは父がくれた時計だ。

　　　　　ここで、「父がくれた」は連体修飾節で、「父が」は「くれた」のトピックではない。

　このように従属節の中でもその節のトピックになっている言葉には「は」を用いる。従って従来の教科書によく見かける、従属節とくに連体修飾節に「は」は使わないというような指導はやめるべきである。

本書的想法

1. 口語和文語的區別

日語是口語和文語有所不同。但是其他許多教科書則是未有系統地指導口語，因為以文語寫作「會話」，所以不能夠聽取日本人的會話。舉例來說，就如「會話」中的「⋯なければなりません」、「⋯てしまいました」等。如此使用這種日本人不使用的表現進行會話練習的話，學習者就會說出不自然的日語是自不待言的。

本教科書明確地指導口語和文語之不同，以不僅要學習者能聽懂日本人所說的內容，且本身也能講口語為目標。（參照資料3）

2. 文章和會話

日語中，文章的敬體（鄭重體，本教科書統稱敬體）和簡體（常體，普通體，本教科書統稱簡體）使用區分大概如下。

◎敬體：信、郵件、小冊子、小學教科書
◎簡體：報紙、雜誌、小說、文件

因為用敬體寫日常性事情就如小學生的作文一樣，所以本書的文章使用簡體，先讓學習者習慣與此。因為敬體的句子簡單，所以在習題中只要把各課的「文章」轉換成敬體就好。

讓學習者寫文章時的重點是要其遵照各課顯示的規則使用文語。本課也有說明，與口語的「んです」有所不同，文語中「のです・のだ」的使用受到限制，所以僅用於想敘述理由或狀況說明時。

「會話」則使用敬體和簡體兩者。

3. 初級日語習得關鍵的動詞活用

在「前言」中說到新導入的句型只要能夠理解第6課爲止的所有句型就能夠極爲容易習得日語，其中最顯著的是動詞的活用。

因爲學習者瞭解G-1動詞在其各自的活用行上的活用，所以也能夠以相同的印象學習新導入的活用形和句型。

	已學過的活用形	例（いく）	第21課以後導入的一部分	G-1動詞例（いく）	G-2動詞例（みる）	くる	する
a	否定形	いかない	れる・られる形	いかれる	みられる	こられる	される
i	敬體形	いきます	名詞形	いき	み	き	し
u	基本形	いく	禁止形	いくな	みるな	くるな	するな
e	假定形	いけば	命令形	いけ	みろ	こい	しろ
o	意志形	いこう					
	て形	いって					

4．符合時代的敬語指導

日本人和不親近的人說話時幾乎都使用敬語。換言之，敬語是日常性地極爲普通地被使用著。以留學或就職、研修目的來日本的學習者，因爲必須在學校或職場和不親近的人對話，所以先習慣敬語的話就有很大益處。

敬語的概念和用法已經在第5課、第8課、第11課說明，已導入了「おっしゃる」、「いらっしゃる」和「おる」語彙。本教科書以能夠自然地使用頻度特高的敬語爲目標。

敬語有常常使用的敬語和不太常使用的敬語。現今因爲非正式的尊敬語「れる・られる」廣泛地被使用著，所以學習者有必要先習慣於此。在對相當長上的人或鄭重的場合則使用通常的尊敬語「お…になる」，但現在則因使用頻度不太高，所以對每日見面的職場上司或熟人就不太使用。即使在日常生活也好工作也好，因爲若使用「お…になる」或「お…する」的話，會造成太鄭重的印象，所以使用所謂不太鄭重的尊敬語「れる・られる」的話，就不會太生硬。因爲頻繁

使用不太鄭重的尊敬語，所以務必要學習者使用自如。謙讓語是不使用也不會那麼失禮，但尊敬語可說是必須要會使用。

因此，本教科書不像以往的教科書般地將尊敬語整理後導入在初級的最後方，而是將使用頻度高的尊敬語「れる・られる」在本教科書開頭課21導入。

5．不能就那樣使用的句型

導入新句型時，關於不能就那樣使用於對方的說法，就應該要明確地指導每次出現的句型用法，能夠使用的場合等。例如：「…てはいけない」「…なさい」等是學習者和大人溝通時應該沒有就那樣使用或被使用吧！命令形或禁止形亦然，這些要學習者將「パスポートを見せろと言われる（被要求看護照）」、「忘れるなと言った（說不要忘了）」之類當成引用文使用學起來。

6．助詞「は」的用法及「～は～が～」句型的虛構

1）話題的語詞擁有句子的述語和格關係時

以某語詞「○○」為話題發話時，其語詞「○○」和述語的格關係有所規定時，就會說成「○○では」、「○○には」、「○○がは」等。此等已經學習了。

2）上述以外的場合

針對想說某事「○○」時，有時會有尚未決定述語的情形。而且，縱使是已決定了述語和句子，也不一定是話題「○○」擁有其述語和格關係。像此時候，在「○○について言えば（針對○○來說的話）」的意思上就會說出「○○は」。這恰如英語「as for」的說法，但它是遠比英語的「as for」使用度更高。因為「は」的用法廣泛被使用著，所以學習者要先習慣比較好。

例　a）Q：田中さん、どうしていますか。

　　　（田中先生，過得如何呢）

　　　　A：ああ、田中さんは、先週息子さんが結婚したんですよ。

　　　　（啊，田中先生，上週他公子結婚了喲。）

　　b）Q：佐藤さんは、いますか。

　　　　（佐藤先生，在嗎？）

　　　　A：佐藤さんは、今お客さんが来ているんです。

　　　　（佐藤先生，現在有客人來。）

　　還有，眾所周知的「象は鼻が長い（象是鼻子長的）」或「うなぎ文（鰻魚句）」可說是都屬於此用法。

　　c）象は鼻が長い＝象について言えば、鼻が長い

　　　　（對象而言，鼻子是長的）

　　在此，「象は」是和「長い」無格關係。「長い」的主語是「鼻が」。

　　d）僕はうなぎだ＝僕について言えば、うなぎだ。

　　　　（對我而言，我要吃的是鰻魚）。

　　在此，「僕は」是和「うなぎだ」無格關係。因爲不要所以並未被顯示出來，但，「注文は（訂叫的是）」等是主語。

　　這些是極普遍被使用的正確表現，一般認爲它不必要命名爲恰如特殊表現般地「……句」等。當然，所謂「〜は〜が〜」句型的區分也不需要。

7. 關於助詞「は」的誤用「法則」

　　本書中雖使用許多複句或從屬文節，但助詞「は」並未受其影響。要使用「は」與否，壓根兒是取決於它是否是述語或是句子的話題、與它是否爲從屬文節無關。

　　例　a）白いのは汚れるから黒いのを買おう。

　　　　（因爲白的會髒所以買黑的吧！）

　　在此，「白いのは汚れる」是表示理由的從屬文節，而「白いのは」是

「汚れる」的話題。

　　　b）　これはお金にはならない仕事だ。（這是賺不了錢的工作。）

　　　在此，「これはお金にはならない」是連體修飾文節，而「お金には」是「ならない」的話題（表示否定）。

　　　c）　これは父がくれた時計だ。（這是家父給我的錶。）

　　　在此，「父がくれた」是連體修飾文節，而「父が」並不是「くれた」的話題。

　　如此般地，即使在從屬文節中，在其成為該文節話題的話語上使用「は」。因此，以往的教科書中常見的從屬文節特別是連體修飾文節中不時用「は」這類的指導應該停止。

各課の文法・表現

課	主な文法・表現	例文
21	動詞れる・られる形〈尊敬語〉 動詞の名詞形 お……ください ……て　いただけますか	休_{やす}まれますか。 お使_{つか}いください。 渡_{わた}していただけますか。
22	……た　ことがある ……も……し、（……も） ……く／に　なる ……でしょう／だろう ……ので、……	ペナンへ行_いったことはありますか。 海_{うみ}もきれいだし、物_{もの}も安_{やす}いですよ。 すぐにうまくなりますよ。 ちょっと大変_{たいへん}でしょうね。 泳_{およ}げないので、ちょっと大変だろう。
23	……ましょうか ……と／っていう 「……」とっていう ……か　しる／わかる ……て　みる	一_{ひと}つ持_もちましょうか。 古_{ふる}い雑誌_{ざっし}だって言っていました。 「すぐに持ってきて下さい」と頼_{たの}んだ。 どうしてかよく分_わかりません。 後_{あと}で聞_きいてみます。
24	……と……とどちら ……の　ほう ……と　おもう ……のだ／のです ……てもいい ……と……と……（のなか）で　どれ・だれ	日本語_{にほんご}と中国語_{ちゅうごくご}とどっちがむずかしいですか。 日本語_{にほんご}の方_{ほう}がむずかしいと思_{おも}います。 学生_{がくせい}時代_{じだい}の友人_{ゆうじん}五人_{ごにん}が集_{あつ}まるのだ。 ぼくが行_いっていいんですか。 天_{てん}ぷらとお寿司_{ずし}とすき焼_やきの中_{なか}でどれが一番_{いちばん}好_すきですか。
25	……よう ……みたい ……かもしれない ……かた 〈普通体〉の	城_{しろ}のような形_{かたち} かなり大きいみたいですね。 コンドミニアムかもしれませんよ。 おそばの食べ方もまるで日本人みたいよ。 焼_やき魚_{ざかな}を食べるのはむずかしいです。

26	……て〈理由・原因〉	忙しくて行かれなかった。
	……なければならない	残業しなければならなかった。
	否定形のて形	会えなくて
	……がる／がっている	残念がっていたようだ。
	……て　くる／いく	帰ってきた。
27	……つもりだ	どこに行くつもりですか。
	……か／かどうか……	どこに行くか決めていないんです。
	……なってくる	楽になってきました。
28	……である	今九時半である。
	……が、……	アリスさんが来たが、エミリーさんはまだ帰っていなかった。
	……たら、……	時間があったら、外でお茶でも飲みませんか。
29	……ば〈仮定〉	みんなが行けば、私も行こうと思っています。
	「だ／です」の仮定形	風邪なら会社に薬がありますよ。
	もらう	さっきもらって飲みました。
30	……とき、……	店を出るとき「ごちそうさまでした」って言うんです。
		リーさんに会ったとき、この本を返して下さい。
	……ては／ちゃいけない	「ありがとうございます」じゃいけませんか。
31	……まえに……	お客さんが来るまえにいろいろなことを確認した。
	……て　ある	ケーキは買ってあります。
	……やすい／にくい	分かりやすく説明して下さいませんか。
32	……て　から……	予習が終わってから寝る。
	……た　ほうがいい	ベッドに入って寝たほうがいい。
	……て　おく	指定席をとっておいた方が良い。
33	……にいく／くる	本を返しに行く。
	……なさい	あっちへ行きなさい。
	……ずに／……ないで、……	宿題をやらずにテレビを見ている。
	……ばかり	テレビばかり見ていないで、宿題をしなさい。

34	……ことがおおい／すくない	海に行くことが多い。
	……たり……たりする	山に登ったり、川で釣りをしたりしたんです。
	……ながら……	パソコンで調べながらレポートを書いていた。
	……た　あと……	データを入力したあとプリントして下さい。
	……ようにという	部長のところに持っていくようにと言った。
35	……たらいいですか	いつまでに訳したらいいですか。
	……て　しまう／ちゃう	もう全部訳しちゃったんですか。
		壊れてしまったのかもしれない。
	……た　ばかり	4月に買ったばかりでしょう。
36	……のに、……	10時を過ぎたのに、まだ帰って来ないね。
	……なければ／なきゃいけない	お見舞いに行かなきゃいけないんです。
37	……そう〈様態〉	雨が降りそうですね。
	……だす／始める	降り出しました。
	……て　あげる	一本貸してあげます。
38	……て　くれる／くださる	小林さんが手伝ってくれた。
	……て　もらう／いただく	母に送ってもらったんです。
	……て　やる	連れていってやろうと思うんです。
39	〈名詞形で文を接続〉	だんだん雲が多くなり、風も強くなってきた。
	……そう〈伝聞〉	台風13号が来ているそうです。
	……といいんですけど	そうだといいんですけど。
	……すぎる	味がからすぎる。
40	……らしい	あまりよくないらしいです。
	……ても……	薬を飲んでも熱が下がらないらしいんです。
	……と、……	4月になると桜が見られます。
41	……ことになる	名古屋に転勤することになったそうですね。
	……ことにする	今月中に移ることにしました。
	……て　ばかりいる	遊んでばかりいる。
42	……た　まま	電気をつけたまま寝てしまった。
	なかなか……ない	なかなかねられないんだ。

43	……ようとする ……たら……〈過去形〉 ……が する／でる〈体の症状〉	買い物しようとしたら、お金が足りなかったの。 はき気がするんです。
44	受身形 ……ことができる	先生にほめられた。 読むことも書くこともできないんです。
45	迷惑受身	すりにバッグを盗まれた。
46	動詞命令形 動詞禁止形	野菜を食べろとか、運動をしろとか言われた。 酒を飲み過ぎるなと言われた。
47	動詞せる・させる形（使役動詞） ……た ところだ	やらせてください。 子どもに手伝わせます。 ちょうど半分できたところです。
48	敬語（尊敬語1） 動詞される・させられる形（使役の 受身）	パソコンはお使いになりますか。 混んでいて待たされる。
49	敬語（尊敬語2）て形＋尊敬語 ……く／に／ように する	どんなものを食べていらっしゃるんですか。 それが頭をよくするんです。 できるだけ食べるようにします。
50	敬語（謙譲語） ……ば いいのに ……ば よかったのに ……ているところだ （辞書形＋）ところだ	明日の午後お返しします。 自分で作ればいいのに。 中村課長に手伝ってもらえばよかったのに。 一つ作っているところです。 これから作るところです。

各課的文法／表現

課	主要的文法／表現	例文
21	動詞れる・られる形 動詞名詞形 日常使用敬語表現	休_{やす}まれますか。 お使_{つか}いください。 渡_{わた}していただけますか。
22	經驗 附加陳述"而且" 變化"變成" 臆測 理由	ペナンへ行_いったことはありますか。 海_{うみ}もきれいだし、物_{もの}も安_{やす}いですよ。 すぐにうまくなりますよ。 ちょっと大変_{たいへん}でしょうね。 泳_{およ}げないので、ちょっと大変だろう。
23	敬體提議 引用 "了解爲什麼／誰／什麼" 嘗試・試用	一_{ひと}つ持_もちましょうか。 古_{ふる}い雑誌_{ざっし}だって言_いっていました。 「すぐに持_もってきて下_たさい」と頼_{たの}んだ。 どうしてかよく分_わかりません。 後_{あと}で聞_きいてみます。
24	兩事物間的比較 "我想／認爲～" 說明 認可 三者或更多事物間的比較	日本語_{にほんご}と中国語_{ちゅうごくご}とどっちがむずかしいですか。 日本語_{にほんご}の方_{ほう}がむずかしいと思_{おも}います。 学生時代_{がくせいじだい}の友人_{ゆうじん}五人_{ごにん}が集_{あつ}まるのだ。 ぼくが行_いっていいんですか。 天_{てん}ぷらとお寿司_{すし}とすき焼_やきの中_{なか}でどれが一番_{いちばん}好_すきですか。
25	"好像／似乎～" "也許～" "方法／如何～" 名詞化	城_{しろ}のような形_{かたち} かなり大_{おお}きいみたいですね。 コンドミニアムかもしれませんよ。 おそばの食_たべ方_{かた}もまるで日本人_{にほんじん}みたいよ。 焼_やき魚_{ざかな}を食_たべるのはむずかしいです。

26	理由／原因	忙しくて行かれなかった。
	義務	残業しなければならなかった。
	否定的て形	会えなくて
	第三人稱的感覺／欲望	残念がっていたようだ。
	"去且做～"	帰ってきた。
27	意圖	どこに行くつもりですか。
	"要去哪裏"和"要不要～"	どこに行くか決めていないんです。
	連續變化	楽になってきました。
28	文語"正是～"	今九時半である。
	文語"雖然～"	アリスさんが来たが、エミリーさんはまだ帰っていなかった。
	條件／假設	時間があったら、外でお茶でも飲みませんか。
29	條件／假設	みんなが行けば、私も行こうと思っています。
	助動詞"だ"／い形容詞的假定形	風邪なら会社に薬がありますよ。
	"接受"	さっきもらって飲みました。
30	"當～時"	店を出るとき「ごちそうさまでした」って言うんです。
		リーさんに会ったとき、この本を返して下さい。
	禁止／不贊成	「ありがとうございます」じゃいけませんか。
31	"～之前"	お客さんが来るまえにいろいろなことを確認した。
	陳述"作完～"一個動作的結果	ケーキは買ってあります。
	"易於／難於～"	分かりやすく説明して下さいませんか。
32	"～之後"	予習が終わってから寝る。
	有禮貌的建議	ベッドに入って寝たほうがいい。
	準備	指定席をとっておいた方が良い。
33	"去／來做～"	本を返しに行く。
	敬體的命令句	あっちへ行きなさい。
	"沒做～而做～"	宿題をやらずにテレビを見ている。
	"一直～（光～）"	テレビばかり見ていないで、宿題をしなさい。

34	"常／不常做～"	海に行くことが多い。
	多種動作／陳述	山に登ったり、川で釣りをしたりしたんです。
	同時做二種動作	パソコンで調べながらレポートを書いていた。
	"～之後"	データを入力したあとプリントして下さい。
	傳達某人的命令	部長のところに持っていくようにと言った。
35	尋求聽者的建議	いつまでに訳したらいいですか。
	動作／事件完全結束	もう全部訳しちゃったんですか。
	動作／事件結果非所預期	壊れてしまったのかもしれない。
	"才剛做了～"	4月に買ったばかりでしょう。
36	"竟然～"	10時を過ぎたのに、まだ帰って来ないね。
	"必須～"	お見舞いに行かなきゃいけないんです。
37	視覺訊息判斷形	雨が降りそうですね。
	"開始～"	降り出しました。
	給某人益處的動作	一本貸してあげます。
38	幫忙說話者之某人之動作	小林さんが手伝ってくれた。
	"要求某人為我做～"	母に送ってもらったんです。
	給年少家庭成員之動作	連れていってやろうと思うんです。
39	文語之句子連結	だんだん雲が多くなり、風も強くなってきた。
	"我聽說／他說～"	台風13号が来ているそうです。
	當焦慮出現的希望	そうだといいんですけど。
	"太～"，"～做太多"	味がからすぎる。
40	"我聽說／他說～"	あまりよくないらしいです。
	"即使～也～"	薬を飲んでも熱が下がらないらしいんです。
	動作／事件的必然結果	4月になると桜が見られます。
41	由別人做的決定	名古屋に転勤することになったそうですね。
	由自己做的決定	今月中に移ることにしました。
	"一直在做～"	遊んでばかりいる。
42	"就那樣離開某事去做～"	電気をつけたまま寝てしまった。
	動作／事件不易做	なかなかねられないんだ。

43	"想要～" 某動作的非預期結果 輕微的病痛	買い物しようとしたら、お金が足りなかったの。 はき気がするんです。
44	被動態 "能夠～"	先生にほめられた。 読むことも書くこともできないんです。
45	被動態—不便	すりにバッグを盗まれた。
46	動詞命令形 動詞禁止形	野菜を食べろとか、運動をしろとか言われた。 酒を飲み過ぎるなと言われた。
47	動詞せる・させる形（使役形） "剛做了～"	やらせてください。 子どもに手伝わせます。 ちょうど半分できたところです。
48	動詞尊敬表現形(1) 動詞される・させられる形 　（使役被動形）	パソコンはお使いになりますか。 混んでいて待たされる。
49	動詞尊敬表現形(2) 使其改變 "試圖做／不做～"	どんなものを食べていらっしゃるんですか。 それが頭をよくするんです。 できるだけ食べるようにします。
50	動詞謙讓表現 不贊同他人的現在／過去的動作 "正在～當中" "將要做～"	明日の午後お返しします。 自分で作ればいいのに。 中村課長に手伝ってもらえばよかったのに。 一つ作っているところです。 これから作るところです。

用言的活用 （現在式和過去式）

動詞 （參照 "動詞速記表"） 例：いく

現在／將來		過去	
1. ない-形	いかない	1. なかった-形	いかなかった
2. ます-形	いきます／	2. ます-形	いきました／
（肯定／否定）	いきません	（肯定／否定）	いきませんでした
3. 基本形	いく	3. た-形	いった
4. 假定形	いけば		
5. 意志形	いこう	無時態	
6. て-形	いって		

助動詞 （だ／です：用於名詞和な-形容詞）

現在／將來		過去	
1. 否定形	じゃない	1' 否定形	じゃなかった
2. 敬體形	です／	2' 敬體形	でした／
（肯定／否定）	じゃないです*)	（肯定／否定）	じゃなかったです*)
3. 肯定形	だ	3' 肯定形	だった
4. 假定形	なら		
5. 推量形	だろう	無時態	
6. て-形	で		

*)「じゃありません」（現在否定）和「じゃありませんでした」（過去否定）屬同類用法

い-形容詞　例："たかい"

現在／將來		過去	
1. 否定形	たかくない	1' 否定形	たかくなかった
2. 敬體形	たかいです	2' 敬體形	たかかったです／
（肯定／否定）	／たかくないです**)	（肯定／否定）	たかくなかったです**)
3. 肯定形	たかい	3' 肯定形	たかかった
4. 假定形	たかければ		
5. 推量形	たかかろう	無時態	
6. て-形	たかくて		

**)「たかくありません」（現在否定）和「たかくありませんでした」（過去否定）屬同類用法

動詞速記表（日本専利　NO.1780123）

表—1　動詞活用

動詞形式	G-1 （例：いく）	G-2 （例：おきる）	不規則 くる	不規則 する
ない-形	いかない	おきない	こない	しない
ます-形	いきます	おきます	きます	します
基本形	いく	おきる	くる	する
假定形／可能形	いけば／いける	おきれば／おきられる	くれば／こられる	すれば／できる
意志形	いこう	おきよう	こよう	しよう
て-形	（見表—2）	おきて	きて	して

*参照課文1 "いく"和 "くる"、課文3 "おきる"和 "する"、課文7可能形

表—2　G-1動詞的て-形和た-形

行	か き く け こ	が ぎ ぐ げ ご	さ し す せ そ	た ち つ て と	ら り る れ ろ	わ い う え お	な に ぬ ね の	ば び ぶ べ ぼ	ま み む め も	例外
て-形 た-形	－いて －いた	－いで －いだ	－して －した	－って －った			－んで －んだ			
例子	きく ↓	およぐ ↓	はなす ↓	まつ ↓	かえる ↓	いう ↓	しぬ ↓	よぶ ↓	よむ ↓	いく ↓
て-形	きいて	およいで	はなして	まって	かえって	いって	しんで	よんで	よんで	いって
た-形	きいた	およいだ	はなした	まった	かえった	いった	しんだ	よんだ	よんだ	いった

*参照課文4和5　G-1動詞的て-形

自動詞和他動詞

（粗體字的動詞是G-2動詞）

自動詞	例文	課	他動詞	例文	課
上がる	気温が上がるらしい	40	**上げる**	スピードを上げる	/
開く	8時まで開いていますよ	32	**開ける**	カバーを開けてみた	35
温まる	体が温まる	/	**温める**	お弁当は温めますか	42
集まる	友人五人が集まる	24	**集める**	データを集めていた	50
起きる	7時に起きます	3	起こす	明日の朝、起こしてね	32
落ちる	さいふが落ちていた	44	落とす	スピード落とせ	46
終わる	早く終わったんです	12	**終える**	宿題を終える	/
帰る	5時に帰る	5	帰す	3時に子どもを帰す	/
返る	なくした物が返ってきた		**返す**	この本を返して下さい	30
変わる	景色が変わる	25	**変える**	例のように変えて下さい	11
替わる	社長が替わる	/	**替える**	紙パックを替えなきゃ	35
消える	火が消える[1]	/	消す	テレビを消しなさい	33
決まる	いつ決まったんですか	41	**決める**	店を決める	24
切れる	ひもが切れる[2]	/	切る	5センチ切って下さい	11
壊れる	壊れてしまった	35	壊す	（家を壊す）	45
閉まる	もう閉まっている	32	**閉める**	窓を閉める	30
下がる	熱が下がらないらしい	40	**下げる**	温度を下げる[3]	/
倒れる	かびんが倒れた	48	倒す	木を倒す	/
浸かる	ふろに浸かる		**浸ける**	水に浸けておく	40
付く	色が付いている[4]	/	**付ける**	のし紙を付ける	28
つく	電気がついていた	42	つける	エアコンをつけたる	31
出る	6時に家を出ました	11	出す	箱から出した	31
届く	荷物が届いたわよ	38	**届ける**	警察に届ける	44

[1] 火：火　[2] ひも：縄子　[3] 温度：溫度　[4] 色：顔色

止まる	止まれ	46	止める	ここに車を止める	30
直る	パソコンが直る		直す	作文を直していた	37
治る	薬を飲めば治る	43	治す	けがを治す	
なくなる	バッグがなくなった	45	なくす	なくさないようにする	49
煮える	野菜が煮えた		煮る	次の日に煮る	40
入る	マクドナルドに入る	12	入れる	紙袋に入れる	23
始まる	8時に始まります	15	始める	生活を始めた	35
冷える	朝晩冷える	40	冷やす	すいかが冷やしてある	31
増える	コンドミニアムが増える	25	増やす	語彙を増やす5)	
見つかる	問題が見つかる	39	見つける	建物を見つけた	25
汚れる	床が汚れる		汚す	(服を汚す)	45
割れる	かびんが割れた		割る	たまごを割る6)	

5)語彙(ごい):詞彙　6)たまご:蛋

文語和口語

課	文語	口語
23	……と言う／聞く／頼む、等	……って言う／聞く／頼む、等
	（例外）……と思う	……と思う
24	こちら	こっち
	そちら	そっち
	あちら	あっち
	どちら	どっち
26	……なければならない	……なきゃならない
28	しかし	でも
	……が、……	……けど、……
30	……てはいけない／ではいけない	……ちゃいけない／じゃいけない
	このようなN	こんなN
	そのようなN	そんなN
	あのようなN	あんなN
	どのようなN	どんなN
31	何と書く／言う／読む	何て書く／言う／読む
32	……ておく／でおく	……とく／どく
	良い	いい
36	……なければいけない	……なきゃいけない
50	ようやく	やっと

第21課

◇ 休まれますか。

◇ お使いください。

◇ 渡していただけますか。

文章と会話

　ニュー・ヨーク支社のリンさんが成田に到着した。本社の山田さんが会社の車で空港からホテルまで案内した。

　リンさんはチェックインをして、山田さんは会社に戻った。そのときリンさんは、山口部長あての封筒を山田さんに渡した。

　あとで二人は一緒に食事に行く。

（空港出口で）

山　　田：リンさん！

リ　　ン：どうも。お久しぶりです。わざわざすみません。

山　　田：おつかれさまです。フライトはいかがでしたか。

リ　　ン：すいていたので、リラックスできました。

山　　田：そうですか。車をよびますから、こちらでお待ちください。
（携帯で連絡する）山田です。今リンさんが着かれたから、車をお願いします。

（ホテルにチェックイン）

1

スタッフ：いらっしゃいませ。ご予約はされていますか。

リ　　ン：はい。

スタッフ：パスポートをお願いします。

　　　　　　リン様、本日より3泊のご予定ですね。

リ　　ン：はい。

スタッフ：お部屋は12階の1207です。奥のエレベーターをお使いください。
　　　　　　お荷物はお一つですね。

リ　　ン：はい。

スタッフ：こちら、周辺の地図です。よかったらお持ちください。

リ　　ン：あ、すいません。
　　　　　　山田さん、ありがとうございました。

山　　田：これからどうされますか。

リ　　ン：部屋で少し休もうと思います。

山　　田：じゃ、夕方食事に行きましょう。

リ　　ン：山田さんは一度会社に戻られるんですか。

山　　田：ええ。あとでまた来ます。そのまえに電話します。

リ　　ン：すいませんけど、この封筒を山口部長に渡していただけますか。

山　　田：山口部長ですね。じゃ、後ほど。

文法
<ruby>文法<rt>ぶんぽう</rt></ruby>

1．動詞の活用（動詞的活用）
1．<ruby>動詞<rt>どうし</rt></ruby>の<ruby>活用<rt>かつよう</rt></ruby>（動詞的活用）

本書將介紹幾種形。

其中4形如下表。（G-1：G-1動詞，G-2：G-2動詞）

	形	G-1よむ	G-2でる	くる	する
-a	れる・られる-形	よ<u>ま</u>れる	でられる	こられる	される
-i	名詞形	よ<u>み</u>	で	き	し
-u	禁止形*	よむな	でるな	くるな	するな
-e	命令形*	よ<u>め</u>	でろ	こい	しろ
-o					

*）禁止形與命令形將於第46課介紹。

2．日常敬語"……れる／られる"：動詞れる・られる形
2．<ruby>日常敬語<rt>にちじょうけいご</rt></ruby>"……れる／られる"：動詞れる・られる形

在與上級或不熟悉的人說話時，要使用尊敬語和謙讓語。（參考第8課）

以下有兩種動詞尊敬表現：

● れる・られる形

● 尊敬語形（參考第48課）

"……れる・られる"偶爾用於尊敬表現，而此尊敬語形用於更正式狀態或涉及更上位的人且少用於常用日常會話。

1）れる・られる形的活用規則

    A. G-1動詞

      使用活用行的第一段加"れる"。

      例：つく　→　つか<u>れる</u>（"か"是か行"かきくけこ"之第1段）

    B. G-2動詞

      加"られる"到語幹。（如同可能形）

3

例：でる　→　でられる

C. くる　→　こられる（如同可能性形）

する　→　される

2) れる・られる形如同"よまれる"相對於原形動詞，"よむ（讀）"，它是不同的動詞。

ない-形	よまれない
ます-形	よまれます
基本形	よまれる
假定形	よまれれば
意志形	よまれよう
て-形	よまれて

像這樣它有完整的詞形變化且它是G-2動詞就不論其原形。

3) 比較"いらっしゃる"／"おっしゃる"和れる・られる形。

	尊敬語形	れる・られる形
いく	いらっしゃる（參考第11課）	いかれる
くる	いらっしゃる（參考第11課）	こられる
いる	いらっしゃる（參考第8課）	（おられる）*
いう	おっしゃる（參考第5課）	いわれる

*) おられる＞おる

3．動詞　名詞形（動詞名詞形）和其用法

1) 名詞形是ます形的語幹。

	例
ます形	つかいます
名詞形	つかい

2)　"お＋名詞形＋ください"：尊敬的請求

"お……ください"比"……てください"更尊敬。

例：お使いください。（＝使ってください。）

不用"お食べください"。少用　"お飲みください"。要用"めし上

がってください"。

註：本型態不適用於單音節組成的名詞形。

ます形	名詞形	お……ください	替換詞*
きます	き	不適用	（おいでください）
します	し	不適用	なさってください
みます	み	不適用	ごらんください
ねます	ね	不適用	おやすみください
きます（G-2）	き	不適用	（おめしください）

＊）本表將於第 48／49課介紹。

　　括弧中的詞語現今已不常使用。

4．動詞て＋いただけますか：尊敬的請求

"……て　いただけますか"比　"……てください"更有禮貌。

例：渡していただけますか。（＝渡してください。）

為給予他人更好印象，對不熟悉的人說話時，建議使用下表顯示的（A）型態

	(A)敬語的	(B)普通的
建議	お……ください	……てください
請求	……ていただけますか	

5．お／ご＋名詞：名詞的尊敬表現

此表現常用於服務業。

不像一般有禮貌詞お，如お水和おすし，本用法用於說話者涉及相關或屬於聽者的事情／人時。

"ご"主要加在音讀漢字上。*

例：ご予約、ご予定

"お"主要加在訓讀漢字上。

例：お部屋、お荷物、お一つ**

*）但是有一些例外，如お電話和お名刺，當遇見例外時，要適當的記取每個單詞。

**）數目中只用於お一つ、お二つ、お一人和お二人。（×お三つ…等）

その他

1．よかったら（如你喜歡）：よかった＋ら（參考第28課）

"よかったら"常用於提議其事。

例：よかったらお持ちください。

2．敬語表現常用於服務業

普通的	敬語的（參考第48課和第49課）
いいですか。	よろしいですか。（對你是好的嗎？）
いいですよ。	けっこうです。（對我們是好的。）
～です。	～でございます。
あります。	ございます。
ありません。	ございません。

3．これから ＝ 今から

例：これからどうされますか。

4．そのまえに（在那之前）

例：そのまえに電話します。

漢字

	音読み	訓読み	意味	言葉
一	イチ、イツ	ひと（つ）	一	一日、一人
二				
三				
四				
五				
六				
七				
八				
九				
十				
年				
月				
日				
人				
出				
入				
口				
名				

言葉	読み方	品詞	意味
文章と会話			
文章	ぶんしょう	名詞	書寫／句子
ニューヨーク		固有名詞	紐約
支社	ししゃ	名詞	分公司
到着（する）	とうちゃく	名詞	到達
案内（する）	あんない	名詞	帶路
とき		名詞	時候
山口	やまぐち	固有名詞	山口（人名）
出口	でぐち	名詞	出口
～あて			寄給～
リン	リン	固有名詞	林（人名）
（お）久しぶり	（お）ひさしぶり	名詞	久違，好久不見
わざわざ		副詞	特意
フライト		名詞	航班
いかが（＝どう）			如何
すいている（＞すく）			空，空蕩蕩
リラックスする		動詞	輕鬆，放鬆
携帯	けいたい	名詞	行動電話
連絡（する）	れんらく（する）	名詞	聯絡
チェックイン（する）		名詞	辦理登記手續
パスポート		名詞	護照
～様（＝さん）	～さま		對人的敬稱，放在姓名後，さま比さん尊敬
本日	ほんじつ	名詞	今天
予定	よてい	名詞	日程
奥	おく	名詞	後面，裡面
エレベーター		名詞	電梯

荷物	にもつ	名詞	行李
周辺	しゅうへん	名詞	附近，周遭
地図	ちず	名詞	地圖
よかったら（＞いい）			如你喜歡的話
休む	やすむ	動詞	休息
～度	～ど	助数詞	～次
戻る	もどる	動詞	返回
まえ		名詞	之前
封筒	ふうとう	名詞	信封
渡す	わたす	動詞	交付
～いただけますか			是否能承蒙您～？
後ほど	のちほど	副詞	隨後

文法

9

活用	かつよう	名詞	變化
日常	にちじょう	名詞	日常
敬語	けいご	名詞	敬語的表現／形式
めし上がる	めしあがる	動詞	吃／喝的敬語
名刺	めいし	名詞	名片

名詞（めいし）　固有名詞（こゆうめいし）　副詞（ふくし）　動詞（どうし）
助数詞（じょすうし）

第22課

◇ ペナンへ行ったことはありますか。
◇ 海もきれいだし、物も安いですよ。
◇ すぐにうまくなりますよ。
◇ ちょっと大変でしょうね。
◇ 泳げないので、ちょっと大変だろう。

文章と会話

1

山本さんはシンガポールに住んでいる。

シンガポールはもうすぐ独立記念日だ。山本さんはその休みにペナンに行こうと思っている。ペナンはマレーシアの北部の島で、有名な観光地だ。マリーさんは2年前にペナンに行ったことがある。

山　本：マリーさんはペナンへ行ったことはありますか。

マリー：ええ、二年ぐらい前に友達と行きました。

山　本：ぼくはまだ行ったことがないんです。それで、今度の休みに行こうと思っているんです。

マリー：ペナンは海もきれいだし、物も安いですよ。

山　本：そうですか。

2

　田中さんはスキーが得意だ。今はウォーター・スキーに興味をもっていて、ボブさんに質問をした。ボブさんは一度やったことがあって、すぐにうまくなった。しかし、田中さんは泳げないので、ちょっと大変だろう。

　田中さんは、まず泳ぎの練習をしようと思った。

田中：ボブさんはウォーター・スキーをされたことはありますか。

ボブ：ええ、一回だけしたことがあります。

田中：私はまだしたことがないんですけど、難しいですか。

ボブ：うーん、始めはちょっと難しいですね。でもすぐにうまくなりますよ。

田中：そうですか。でも私はスポーツも上手じゃないし、泳げないんです。

ボブ：泳げないんですか。じゃ、ちょっと大変でしょうね。

文法

1．動詞た＋ことがある：經驗

　　例：ペナンへ行ったことはありますか。

　　"こと"（参考第12課和第25課文法４）是名詞。

2．動詞よう＋と思っている：想法／計畫（想要～）

　　例：今度の休みに行こうと思っているんです。

　　本句型用於表示說話者或其他人的想法。

　　比較："動詞よう＋と思います／思う"僅表示說話者的想法。

3．陳述A＋し、陳述B（A.還有B.）

　　"……し、……"是某些結論或決定的陳述序列。

例：海もきれいだし、物も安いです。

1) 助詞“も”一般用於陳述A和／或B。

例：海にも行ったし、山にも行った。

2) 接續詞“それに”一個句子分成兩個句子。

即：“……し、……。”＝“……。それに……。”

3) 在敬體句子中，陳述A能爲敬體或簡體。

例：海もきれいですし、物も安いです。

4．動詞“なる”（變成）

例：すぐにうまくなりますよ。

連接“なる”的句型

	例
い-形容詞　→　（語幹）＋く	うまくなる よくなる
な-形容詞 名詞　　　　}＋に	じょうずになる 教師になる
動詞基本形＋ように	できるようになる
否定形……ない　→　……なく	お酒を飲まなくなる

5．……でしょう／だろう：不確定（也許）

例：ちょっと大変でしょうね。

　　大変だろう。

1) “でしょう”（敬體）和“だろう”（簡體）是“です”和“だ”的推量形。

2) 連接“でしょう／だろう”的句型

		例
な-形容詞／名詞+だ	＋　でしょう	大変でしょう／だろう
其他用言 →簡體形	／だろう	行くでしょう／だろう

3) "……でしょう"意思和"……んじゃないですか"相近。（參考第18
課）"……でしょう"用於文體和口語體，而"……んじゃないです
か"用於口語體。

6. ……ので：理由／原因

1) 比起"……から" (3) 來，"……ので"較不直接。
例：田中さんは泳げないので、ちょっと大変だろう。

連接"ので"的句型

	例
な-形容詞／名詞+だ　＋　なので	休みなので、……
其他用言 →簡體形　＋　ので	泳げないので、…… 忙しいので、……

"敬體形＋ので"聽起來較有禮貌／尊敬。

2) 當句型"……ので、……"分開成兩個句子時，使用接續詞"それで"。
即："……ので、……。" ＝ "……。それで……。"

3) 句型"Aので、B"中，A的陳述不是都是B陳述的必須原因。句型"……
から"（參考第15課）表示合邏輯的和客觀的原因。爲給人客氣的印
象，所以建議使用"……ので"，不用"……から"來提及你帶給他人
過錯之藉口。
例：○　道が混んでいたので、遅刻しました。
　　△　道が混んでいたから、遅刻しました。

	A為B的理由	相等的接續詞
Aので、B	不是100%需要	A。それでB。
Aから、B	分邏輯的，客觀的	A。だからB。

7. 助詞"だけ"：侷限（只有，至少～）

　　例：1回だけ

　　參考第9課"しか……ない"。

その他

1. 助数詞"度"＝"回"：次數的數目（參考第15課）

　　"度"在數字的音節上無需任何改變。在會話中通常多使用"回"。

　　例：ボブさんは1度やったことがある。

2. 泳ぎ："泳ぐ"的名詞形。動詞的名詞形是名詞。

　　例：泳ぐ（游泳）

　　　　泳ぎ（游泳）

3. うーん（嗯，讓我們來想想）

　　例：うーん、始めはちょっと難しいですね。

漢字

	音読み	訓読み	意味	言葉
百				
千				
万				
円				
時				
分				
文				
会				
大				
中				
小				
生				
学				
今				
行				
来				
私				

言葉	読み方	品詞	意味
文章と会話1			
独立	どくりつ	名詞	獨立
記念日	きねんび	名詞	紀念日／週年紀念
ペナン		固有名詞	檳城（地名）
マレーシア		固有名詞	馬來西亞
北部	ほくぶ	名詞	北部
島	しま	名詞	島嶼
有名	ゆうめい	な-形容詞	有名的
観光	かんこう	名詞	觀光
〜地	〜ち		〜區
〜こと（がある）			（經驗）
マリー		固有名詞	瑪麗（人名）
それで		接続詞	因此，所以
〜し		助詞	〜還有
物	もの	名詞	東西
文章と会話2			
ウォーター・スキー		名詞	滑水
興味	きょうみ	名詞	興趣
うまい		い-形容詞	擅長（於〜）
ボブ		固有名詞	鮑伯（人名）
〜ので		助詞	因爲〜
大変	たいへん	な-形容詞	費力的／艱難的
〜だけ		助詞	只有〜
うーん			嗯〜
始め	はじめ	名詞	開始
なる		動詞	成爲／變爲

文法

それに　　　　　　　　　　　接続詞　　　　　還有

な-形容詞（な-けいようし）　　い-形容詞（い-けいようし）　　接続詞（せつぞくし）

助詞（じょし）

第23課

```
◇ 一つ持ちましょうか。
◇ 古い雑誌だって言っていました。
  「すぐに持ってきて下さい」と頼んだ。
◇ 後で聞いてみます。
◇ めがねをかけた人　＝　めがねをかけている人
```

文章と会話

1

来週会議があるので、松本さんは資料を準備している。そして山下さんに、「すぐに古い雑誌を全部持ってきて下さい」と頼んだ。山下さんは三つの紙袋に入れて運んだ。それを見て、リンダさんが手伝った。

リンダ：たくさんありますね。一つ持ちましょうか。

山　下：ありがとう、助かります。

リンダ：本当に重いですね。これは何ですか。

山　下：古い雑誌だって言っていました。松本さんが「すぐ持ってきて下さい」って言ったんです。

リンダ：どうしてこんなにたくさん要るんですか。

山　下：さあ、どうしてかよく分かりません。あとで聞いてみます。

2
　トニーさんは先日社員旅行に行ってきた。久しぶりに木村さんに会ったの
で、旅行の写真を見せた。そして、写真に写っている人を説明した。

トニー：木村さん、お久しぶりです。

木　村：ああ、トニーさん、久しぶり。

トニー：この間旅行に行ったんです。写真を見ますか。

木　村：見せて。きれいに写って（い）るね。この人は誰？

トニー：えっ、どの人ですか。

木　村：右から二番目の赤いスカーフをした人。

トニー：ああ、その人は秘書のリンダさんです。

木　村：このめがねをかけた人は誰？

トニー：私の上司の山田課長です。

文法

1．**敬體形的意志形（……ましょう）＋か**：有禮貌的提議（我來～？）

  例：<ruby>一<rt></rt></ruby>つ<ruby>持<rt>も</rt></ruby>ちましょうか。

2．**助詞「と」**：引用（參考　その他1）

  例：「すぐに<ruby>古<rt>ふる</rt></ruby>い<ruby>雑誌<rt>ざっし</rt></ruby>を<ruby>全部<rt>ぜんぶ</rt></ruby><ruby>持<rt>も</rt></ruby>ってきて<ruby>下<rt>くだ</rt></ruby>さい」と<ruby>頼<rt>たの</rt></ruby>んだ。

3．**間接引用**

  簡體形＋と<ruby>言<rt>い</rt></ruby>う／<ruby>聞<rt>き</rt></ruby>く／<ruby>頼<rt>たの</rt></ruby>む　（說／問～）

  當陳述是疑問時省略助動詞"だ"。

  例：どこですか。　→　どこだかと<ruby>聞<rt>き</rt></ruby>く。
  　　<ruby>学生<rt>がくせい</rt></ruby>ですか。　→　<ruby>学生<rt>がくせい</rt></ruby>だかと<ruby>聞<rt>き</rt></ruby>く。

4．**直接引用**

  用引用號「」。

  「（句子）」と<ruby>言<rt>い</rt></ruby>う／<ruby>聞<rt>き</rt></ruby>く／<ruby>頼<rt>たの</rt></ruby>む　（說／問"～"）

  例：「すぐに<ruby>持<rt>も</rt></ruby>ってきて<ruby>下<rt></rt></ruby>さい」って<ruby>言<rt>い</rt></ruby>ったんです。

5．**疑問詞／子句＋か＋（が）<ruby>分<rt>わ</rt></ruby>かる／（を）<ruby>知<rt>し</rt></ruby>る**

  （知道哪個／誰／甚麼／～～～）

  例：どうしてかよく<ruby>分<rt>わ</rt></ruby>かりません。

  對一個要求的否定回答，"分かりません"聽起來比"<ruby>知<rt>し</rt></ruby>りません"委婉。

6．**動詞て＋みる** （做～看看）

　　例：後<ruby>後<rt>あと</rt></ruby>で聞<ruby>聞<rt>き</rt></ruby>いてみます。

7．**動詞"要<ruby>要<rt>い</rt></ruby>る"（G-1）** （要）

　　此助詞"が"用於動詞"いる"的受詞。

　　例：古<ruby>古<rt>ふる</rt></ruby>い雑<ruby>雑誌<rt>ざっし</rt></ruby>が要<ruby>要<rt>い</rt></ruby>る。

8．**動詞た＋（名詞）　＝　……ている＋（名詞）**

　　例：めがねをかけた人　＝　めがねをかけている人

　　　　ネクタイをした人　＝　ネクタイをしている人

　　此た-形限用於某些動詞，如"かける"，"着る"，"はく"，"する"等。
　　其意爲"穿"。

その他

1．〔文語和口語〕

　　助詞"と"在口語中變成"って"。

文語	口語
……と言<ruby>言<rt>い</rt></ruby>う／聞<ruby>聞<rt>き</rt></ruby>く／頼<ruby>頼<rt>たの</rt></ruby>む，等	……って言<ruby>言<rt>い</rt></ruby>う／聞<ruby>聞<rt>き</rt></ruby>く／頼<ruby>頼<rt>たの</rt></ruby>む，等
（例外）……と思う	……と思う

　　例：古い雑誌だって言っていました。

2．〔口語日語〕**動詞て＋いる**

　　"……ている"　→　"……てる"

　　在口語日語中，當冠上て-形時，"いる"的"い"常省略。

　　例：きれいに写<ruby>写<rt>うつ</rt></ruby>っていますね。　→　きれいに写<ruby>写<rt>うつ</rt></ruby>ってますね。

3．〔口語日語〕簡體句

注意下列例外。

敬體	簡體	例
……です。	……だ。	久_{ひさ}しぶり。
……てください。	……て。	見_みせて。

此終助詞"か"疑問句尾省略

	例	
Xですか／ じゃありませんか	学生ですか。 学生じゃありませんか。	学生？ 学生じゃない？
……いですか／ ……くないですか	忙_{いそが}しいですか。 忙_{いそが}しくないですか。	忙_{いそが}しい？ 忙_{いそが}しくない？
……ますか ……ませんか	行きますか。 行きませんか。	行く？ 行かない？

4．（数詞）＋目_め　（第1，第2，第3～）

例：二番目_{ばんめ}（第2號）／三回目_{かいめ}（第3次）／四冊目_{さつめ}（第4冊）／

五日目_め（第5天）

漢字

	音読み	訓読み	意味	言葉
水				
木				
金				
土				
週				
上				
下				
外				
国				
本				
語				
目				
先				

言葉	読み方	品詞	意味
文章と会話1			
松本	まつもと	固有名詞	松本（人名）
資料	しりょう	名詞	文件／資料
山下	やました	固有名詞	山下（人名）
～と		助詞	（引用）
頼む	たのむ	動詞	懇求，委託
紙袋	かみぶくろ	名詞	紙袋
入れる	いれる	動詞	放入（～放入～）
運ぶ	はこぶ	動詞	搬運
手伝う	てつだう	動詞	幫忙
助かる	たすかる	動詞	得救
持ってくる	もってくる	動詞	拿來（這裡）
こんなに		副詞	如此／這樣地
要る	いる	動詞	要
～みる		動詞	～看看
文章と会話2			
社員	しゃいん	名詞	員工／公司職員
行ってくる	いってくる	動詞	去（再回來）
写る	うつる	動詞	映，照（在相片中）
トニー		固有名詞	東尼（人名）
この間	このあいだ	副詞	最近
見せる	みせる	動詞	讓～看
～目	～め		第～（順序數）
スカーフ		名詞	圍巾
めがね		名詞	眼鏡
かける		動詞	戴
上司	じょうし	名詞	上司（相反：部下）

| 課長 | かちょう | 名詞 | 課長 |

文法

| ネクタイ | | 名詞 | 領帯 |

第24課

◇ 日本語と中国語とどっちがむずかしいですか。

◇ 日本語の方がむずかしいと思います。

◇ 学生時代の友人五人が集まるのだ。

◇ ぼくが行っていいんですか。

◇ 天ぷらとお寿司とすき焼きの中でどれが一番好

きですか。

文章と会話

1

　アレンさんは中国の大学を卒業して、日本の大学院に進んだ。それで日本語も中国語もできる。中国語より日本語の方がむずかしいと思っている。中村さんはどうしてかと聞いた。アレンさんは文字がたくさんあるからだと答えた。中国語にはもちろん漢字しかない。

　アレンさんは将来日本で働きたいと思っている。

中　村：アレンさんは日本語も中国語もできるんですか。

アレン：ええ、あまり上手じゃありませんけど、少しは話せます。

中　村：日本語と中国語とどっちがむずかしいですか。

アレン：そうですね。日本語の方がむずかしいと思います。

中　村：どうしてですか。

アレン：発音は簡単だけど、文字はひらがなやかたかなや漢字があるからむず

かしいです。

中　村：日本語を勉強して、将来は日本で働くんですか。

アレン：そうしたいと思っています。

2

　本田さんは今週土曜日、飲み会がある。学生時代の友人五人が集まるのだ。本田さんはその飲み会にロバートさんを誘った。本田さんはロバートさんに、天ぷらとお寿司とすき焼きの中でどれが一番好きかとたずねた。みんなに好きなものを聞いて、店を決めるのだ。ロバートさんはすき焼きが一番好きだと言った。

本　　田：ロバートさん、来週の土曜日に飲み会があるんです。来ませんか。

ロバート：何の飲み会なんですか。

本　　田：学生時代の友達五人と集まるんです。

ロバート：ぼくが行っていいんですか。

本　　田：もちろん。みんな仲がいいから、えんりょは要りませんよ。ロバートさんは和食は好きですか。

ロバート：ええ、大好きですよ。

本　　田：良かった。天ぷらとお寿司とすき焼きの中で、どれが一番好きですか。

ロバート：天ぷらとお寿司とすき焼きですか。全部好きですけど、すき焼きが一番好きです。

文法

1． **兩個事物間的比較**

 1）問句：AとBとどっち／どちら　（哪邊〜較〜，A或B？）

  例：日本語と中国語とどっちがむずかしいですか。

  "どっち"（口語）和"どちら"（文語）意爲"哪邊"。（參考7"こ
そあど"）

 2）答句：（……より）……のほう

  例：（中国語より）日本語のほうがむずかしいです。

2． **助詞「より」**（比）

3． **簡體形+と思う**（我想〜）

 例：日本語のほうがむずかしいと思います。

 "……と思う"僅表示說話者的想法。

 "……と思っている"可用於任何人的想法。

 例：アレンさんは日本語の方がむずかしいと思っている。

4． **動詞て+（も）いい**（可以〜）

 例：行っていいですか。

 んです-句型僅用於已給予的承認。

 例：ぼくが行っていいんですか。

5． **三者或更多事物中的比較**

 "一番"＋形容詞/副詞：（最〜）

 "……と……と……の中で、どれ……"

例：天ぷらとお寿司とすき焼きの中で、どれが一番好きですか。

すき焼きが一番好きです。

6.〔文語日語〕

"……のです／のだ"（文語）和"……んです／の"（口語）

例：学生時代の友人五が集るのだ。

在文語日語中"……のです／のだ"的用法是限於寫者希望解釋狀況和理由時，而"……んです／の"是廣泛用於口語日語。

7.どっち／どちら："こそあど系列詞"指示方向或指示事物／人

文語	口語	參考
こちら	こっち	ここ／これ／この人
そちら	そっち	そこ／それ／その人
あちら	あっち	あそこ／あれ／あの人
どちら	どっち	どこ／どれ／どの人

その他

1．語言知識

"……ができる"：能夠説～

"できる"比"話せる"更常用。

2．少しは：暗示相反的陳述。

例：少しは話せますけど、あまりうまくないです。

漢字

	音読み	訓読み	意味	言葉
進				
漢				
字				
思				
言				
話				
方				
友				
聞				
何				
食				
飲				
手				

言葉	読み方	品詞	意味
文章と会話1			
アレン		固有名詞	艾倫（人名）
卒業	そつぎょう	名詞	畢業
大学院	だいがくいん	名詞	研究所
進む	すすむ	動詞	升／進入
〜より		助詞	比〜
〜方	〜ほう		（比較）
将来	しょうらい	名詞	將來
働く	はたらく	動詞	工作
発音	はつおん	名詞	發音
文章と会話2			
飲み会	のみかい	名詞	餐會
時代	じだい	名詞	時代／年代
集る	あつまる	動詞	聚集
ロバート		固有名詞	羅伯特（人名）
すき焼き	すきやき	名詞	壽喜燒
たずねる		動詞	詢問
決める	きめる	動詞	決定／確定
仲がいい（→仲）	なかがいい		感情／關係好
仲	なか	名詞	關係（人與人之間）
えんりょ		名詞	客氣，謝絕
文法			
こっち／こちら		代名詞	這邊（近稱）／這裡
そっち／そちら		代名詞	那邊（中稱）／那裡
あっち／あちら		代名詞	那邊（遠稱）／那裡
どっち／どちら		代名詞	哪邊（不定稱）／哪裡

代名詞（だいめいし）

第25課

◇ 城のような形
◇ かなり大きいみたいですね。
◇ コンドミニアムかもしれませんよ。
◇ おそばの食べ方もまるで日本人みたいよ。
◇ 焼き魚を食べるのはむずかしいです。

文章と会話

1

　山田さんは立派な建物を見つけた。トニーさんはお城のような形だと言った。二人は近くに行ってみた。プールがあるので、コンドミニアムだろう。この辺は住宅地になるようだ。景色がどんどん変わる。

山　田：トニーさん、あの白い建物は何だろう。

トニー：さあ、何でしょうね。お城みたいな形ですね。

山　田：かなり大きいみたいだね。

トニー：コンドミニアムかもしれません。近くに行ってみましょう。

山　田：あれはプールだと思わない？やっぱりコンドミニアムだよ。

トニー：この辺では二つ目めですね。これからもっと増えますね。

山　田：あ、むこうでもう一つ建てて（い）る。

2

　佐藤さんとアリスさんはそば屋に来ている。アリスさんが日本人のようにそ

ばを食べるので、佐藤さんはアリスさんに、はしの使い方が上手だと言った。

しかしアリスさんは、とうふや焼き魚を食べるのはむずかしいと言った。

　やはりまだナイフとフォークの方が楽なようだ。

佐　　藤：アリスさんは日本人みたいにおはしが使えるのね。

アリス：いいえ、まだそんなに上手じゃないですよ。やはりナイフとフォーク
　　　　の方が楽です。

佐　　藤：そう。おそばの食べ方もまるで日本人みたいよ。

アリス：そうですか。でもやっぱりおとうふや焼き魚を食べるのはむずかしい
　　　　ですね。

佐　　藤：それは私も同じよ。

文法

1．……みたい（口語）和……よう（文語）：看來好像／似乎～

　　1）……みたい（みたい：な-形容詞）

　　　　例：お城みたいな形ですね。

　連接 "みたい" 的句型

な-形容詞／名詞+だ	＋みたい	例
		お城みたい（だ／な／に）*
其他用言→簡體形		大きいみたい（だ／な／に）

*） "……みたい" 變化如同な-形容詞。

　　2）……よう（よう：な-形容詞）

　　　　例：日本人のように食べる。

　連接 "よう" 的句型

		例
な-形容詞＋な		楽^{らく}なよう（だ／な／に）*
名詞＋の	＋よう	日本人^{にほんじん}のよう（だ／な／に）
其他用言→簡體形		むずかしいよう（だ／な／に）

*）"……よう"變化如同な-形容詞。

2．……かもしれない／かもしれません　（也許～）

連接"かもしれない"的句型

	例
な-形容詞／名詞＋だ	コンドミニアムかもしれません。
其他用言→簡體形	住宅地^{じゅうたくち}になるかもしれない。

3．動詞名詞形＋かた　（方式，如何～）

例：おそばの食^たべ方^{かた}

4．……の和……こと：名詞化

簡體句子／子句由加"の"或"こと"名詞化（參考第22課）

例：焼^やき魚^{ざかな}を食^たべるのはむずかしいです。

名詞化規則

		例
な-形容詞＋だ→な		静^{しず}かなの／静^{しず}かなこと
其他用言→簡體形	＋の／こと	食^たべるの／食^たべること

"……の"必須伴隨助詞"は""が""を"等，而"……こと"之用法無

限制。

例：1） ×　しゅみは本を読むのです。

　　　　○　しゅみは本を読むことです。

　　2）"……の"不可單獨使用

　　　　×　ピアノをひくの

　　　　○　ピアノをひくこと

その他

1．〔口語日語〕

簡體句結尾

"……んだ"和"……の"是"……んです"的簡體形。

下列簡體句結尾加"よ"或"ね"。（X：名詞或な-形容詞）

	普通型		んだ-型	
男性	Xだよ	Xだね	……（な）んだよ	……（な）んだね
女性	Xよ	Xね	……（な）のよ	……（な）のね

例：（男性）かなり大きいみたいだね。

　　　　　　やっぱりコンドミニアムだよ。

　　　（女性）おはしが使えるのね。

　　　　　　私も同じよ。

註：最近女性常使用男性用語。

2．まるで……みたい／のよう　　（看來幾乎像～）

"まるで"常與"Xみたい／（の）よう"強調某事看來像是X。

3．やっぱり（口語）／やはり　　（如我所想／畢竟／正如預期的）

例：やっぱりフォークとナイフの方が楽です。

漢字 （△：只要唸)

	音読み	訓読み	意味	言葉
物				
見				
形△				
住				
所				
地				
白				
右				
左				
東				
西				
南				
北				

言葉	読み方	品詞	意味
文章と会話1			
立派	りっぱ	な-形容詞	美觀／漂亮的
建物	たてもの	名詞	建築物
見つける	みつける	動詞	尋找
城	しろ	名詞	城堡
〜よう			看來（好像）〜
形	かたち	名詞	形狀
コンドミニアム		名詞	公寓大樓
住宅地	じゅうたくち	名詞	住宅區
景色	けしき	名詞	景色
どんどん		副詞	迅速地
変わる	かわる	動詞	改變
〜みたい			看來（好像〜）
〜かもしれない			（也許，說不定）
やっぱり（＞やはり）		副詞△	仍然，還是，畢竟
増える	ふえる	動詞	增加
むこう		名詞	那邊，對面
もう一つ	もうひとつ		再一個／另一個
建てる	たてる	動詞	建設，蓋
文章と会話2			
アリス		固有名詞	艾莉絲（人名）
はし		名詞	筷子
〜かた			〜（方）法
とうふ		名詞	豆腐
焼き魚	やきざかな	名詞	烤魚
焼き〜（＞焼く）	やき〜		烤〜
焼く	やく	動詞	烤

〜の		助詞	（名詞化）
ナイフ		名詞	刀
フォーク		名詞	叉子
楽	らく	な-形容詞	輕鬆／舒服
まるで		副詞△	宛如
文法			
しゅみ		名詞	嗜好

（副詞△：修飾某些陳述型態之副詞）

第26課

◇　半年に一回食事会をしている。
◇　忙しくて行かれなかった。
◇　残業しなければならなかった。
◇　アリスさんに会えなくて、残念がっていたようだ。
◇　帰ってきた。

文章と会話

1

本田さんはツアーで一緒だった人達と半年に1回食事会をしている。

昨日の食事会にはいつもよりたくさん来ていて、楽しかった。アリスさんは忙しくて行かれなかった。仕事がたくさんあって、残業しなければならなかったからだ。みんなはアリスさんに会えなくて、残念がっていたようだ。アリスさんは、「今度は必ず行く」と言っている。

本　田：アリスさん、どうしてきのうの食事会に来なかったの？

アリス：忙しくてどうしても行かれなかったんです。たくさん来て（い）ましたか。

本　田：うん、みんなに会えてすごく楽しかったよ。

アリス：そうなんですか。仕事がたくさんあって、残業しなきゃならなかったんですよ。残念だったなあ。

本　田：みんなもアリスさんが来なくて、残念がって（い）たよ。

アリス：そうですか。今度は必ず行きます。

2

　夜スミスさんが寮に帰ってきた。リーさんがまだリビングで勉強していたので、スミスさんが話しかけた。リーさんはレポートを明日までに書かなければならないのだと言った。今週、リーさんは引っ越しの手伝いやボランティアなどがあって、レポートを書く時間がなかったのだ。

スミス：リーさん、遅くまで勉強をして（い）るんですね。

リ　ー：ええ、これを明日までにやらなきゃならないんです。

スミス：それは大変ですね。

リ　ー：日本の社会についてのレポートなんです。

スミス：たくさんあるんですか。

リ　ー：そんなにたくさんはないんですけど、今週はやることがいろいろあって、今までできなかったんです。

文法

1．"……ない"的て-形

　　"……ない"伴隨い・形容詞的變化規則。即

　　"……ない"　→　"……なくて"

　　例：高_{たか}くない　→　高_{たか}くなくて来ない　→　来なくて

2．て-形：理由／原因

　　例：アリスさんは忙_{いそが}しくて行かれなかった。

　　　　みんなはアリスさんに会えなくて、残念_{ざんねん}がっていたようだ。

　　伴隨"……て"的陳述必須是非説話者的意志。

　　例：×　忙_{いそが}しくて、行_いきません。

　　　（○　忙_{いそが}しいので、行_いきません。）

　　　（○　忙_{いそが}しいから、行_いきません。）

3．……なければならない：（必須～）

　　例：残業_{ざんぎょう}しなければならない。

　　"……なければ"是"……ない"的假定形。（参考第29課）

　　例：やらない　→　やらなければ

　1）"……なければならない"表示非説話者的希望和暗示説話者的勉強或不情願之義務。（参考第36課「……なければいけない」）此句型也用於文語的規定和同意等。

　　　會話中"……なければならない"使用んです-型。

　　　例：明日_{あした}までにやらなきゃならないんです。

　2）〔文語＆口語〕

文語	口語
……なければならない	……なきゃならない

例：明日までにやらなければならない。

明日までにやらなきゃならない。

4．……がる／がっている：表示第3人稱的感覺和希望。

此句型僅可用於某些形容詞。（參考練習）

例：みんなも残念がっていましたよ。

連接"がる"的句型

		例
な・形容詞	＋がる	残念がる
い・形容詞	語幹＋がる	ほしがる*)
動詞　たい-形	……たがる	行きたがる*)

*)　"ほしがる"和"……たがる"大多數例子提及説話者的小孩。

例：子どもが海に行きたがっている。

5．助詞「な（あ）」：加在肯定／否定感覺或表示吃驚／欽佩。

例：残念だったなあ。

6．そんなに（口語）／それほど＋否定形　（並不那様～）

例：そんなにたくさんはないです。

7．動詞て＋くる／いく

"……てくる／いく"表示由動詞て-形描述的後面或連繋的當下動作"来る

／行く"的移動。

例：帰ってくる　＝　帰る（＋来る）

　　持っていく　＝　持つ（＋行く）

　　買ってくる　＝　買う＋来る買っていく　＝　買う＋行く

その他

1．……に〜回　（毎〜次）

這是表示頻率。

例：半年に１回食事会をしている。

　　１週間に２回レッスンに行く。

2．行かれる＝行ける

即：行かれなかったんです。　＝　行けなかったんです。

43

3．までに　（在〜之前，〜爲止）

例：明日までに

漢字（△：只要唸）

	音読み	訓読み	意味	言葉
昨△				
仕				
事				
朝				
夜				
昼				
帰				
明				
書				
勉				
強				
社				
子				

言葉	読み方	品詞	意味
文章と会話1			
ツアー		名詞	旅行（遊）團
人達	ひとたち	名詞	人們
半年	はんとし	名詞	半年
会	かい	名詞	聚會
残念	ざんねん	な-形容詞	懊悔／遺憾
〜がる		副詞△	感覺／到〜
どうしても			無論如何
〜なあ		助詞	（感覺的強調）
必ず	かならず	副	必定
文章と会話2			
寮	りょう	名詞	宿舎
話しかける	はなしかける	動詞	搭話
レポート		名詞	報告
〜までに		助詞	在〜之前，〜為止
引っ越し	ひっこし	名詞	搬家
ボランティア		名詞	志工
〜など		助詞	〜等等
遅く（＞遅い）	おそく（＞おそい）		晩
社会	しゃかい	名詞	社會
〜について			關於〜

第27課

◇ どこに**行**くつもりですか。

◇ どこに行く**か決**めていないんです。

◇ **楽**になってきました。

文章と会話

1

　　チョンさんは夏休みが2週間ぐらいある。それで、どこかへ旅行しようと思っている。吉田さんはどこへ行くつもりか聞いたが、チョンさんはまだ決めていないと答えた。吉田さんは6日間の休みがあるので、両親のいる広島に帰るつもりだ。

吉　田：夏休みは何日あるんですか。

チョン：二週間ぐらいです。

吉　田：いいですね。休みはどうされるんですか。

チョン：そうですね。どこかへ旅行しようと思って（い）ます。

吉　田：へえ。どこに行かれるつもりですか。

チョン：まだどこに行くか決めていないんです。吉田さんは。

吉　田：ぼくは広島の実家に帰ってゆっくりするつもりです。四国にも行きたいけど、まだ行くかどうか決めて（い）ません。

2

　横浜は9月になって涼しくなってきた。8月はとても暑かったので、みんなほっとしている。留学生のジャンさんは9月に台風が来るのを心配している。10月は晴れる日が多いし、食べ物もおいしい。東京や横浜は11月ごろ紅葉が見られる。

田　村：少し涼しくなりましたね。

ジャン：ええ、楽になってきましたよね。

田　村：今年の夏は本当に暑かったから、早く秋になってよかったですね。

ジャン：でも、九月は台風が来るでしょう。

田　村：台風は困りますね。

ジャン：十月はだんだん涼しくなるでしょう。

田　村：秋晴れでいい季節ですよ。それに食べ物もおいしい季節です。

ジャン：この辺も紅葉が見られるでしょうか。

田　村：紅葉はこの辺は十一月です。

文法

1．**動詞基本形／動詞ない＋つもりだ**　（打算做／不做～）

　　例：どこに行くつもりですか。

　　　　行かないつもりだ。

2．**疑問句／子句＋か**（參考第23課）和**……かどうか**（不管～與否）

　　"……か"和"……かどうか"用於當作"聞く／知る／分かる／決める／調べる……等"的受詞。

　　表示受詞／對象詞的助詞"を／が"常省略。

例：まだどこに行くか（を）決めていないんです。

　　　行くかどうか（を）決めていません。

3．**助詞「の」**：形容詞句中的主詞標記。

例：両親のいる広島

助詞"が"也會使用。在文語日語中建議避免在一個句子／子句使用兩次相

同助詞。

例：△　田村さんの両親のいる広島

　　○　田村さんの両親がいる広島

4．**……でしょう（↗）**　上揚調是期待聽者確認之疑問。

例：でも、九月は台風が来るでしょう。（↗）

5．**……なってくる**：繼續改變（參考第22課「なる」）

例：楽になってきました。

6．**助詞「よね」**：與聽者分享想法

例：楽になってきましたよね。

參考第4課的"ね"和"よ"

	功能
……よ	陳述的強調 例：タクシーが来ましたよ。
……ね	聽者同意的期待 例：涼しいですね。
……よね	分享想法 例：楽になってきましたよね。

漢字 （△：只要唸）

	音読み	訓読み	意味	言葉
間				
春				
夏				
秋				
冬				
休				
京				
多				
少				
当△				
早				

49

言葉	読み方	品詞	意味
文章と会話1			
チョン		固有名詞	鍾（人名）
吉田	よしだ	固有名詞	吉田（人名）
～つもり			打算～
広島	ひろしま	固有名詞	廣島（地名）
実家	じっか	名詞	老家
文章と会話2			
横浜	よこはま	固有名詞	横濱（地名）
ほっとする			輕鬆，鬆一口氣
留学生	りゅうがくせい	名詞	留學生
ジャン		固有名詞	簡（人名）
台風	たいふう	名詞	颱風
心配	しんぱい	名詞な-形	擔心
紅葉	こうよう	名詞	楓葉
田村	たむら	固有名詞	田村（人名）
～よね		助詞	（分享想法／感覺）
季節	きせつ	名詞	季節

第28課

◇ 今九時半である。

◇ **アリスさんが来たが、エミリーさんはまだ帰って**
いなかった。

◇ **伝えて下さいませんか。**

◇ 時間があったら、外でお茶でも飲みませんか。

文章と会話

1

　今九時半である。もうすぐアリスさんがエミリーさんの事務所に来る。しかしエミリーさんはすぐに銀行に行かなければならない。アリスさんとの約束に遅れるかもしれないので、エミリーさんは携帯で連絡をした。しかしまだ返事が来ない。銀行のATMには人がたくさん並んでいた。エミリーさんは振り込みをして、現金を下ろした。

　事務所にアリスさんが来たが、エミリーさんはまだ帰っていなかった。同僚の山下さんはアリスさんに「待っていて下さい」と言った。

エミリー：ちょっと銀行に行かなきゃならないけど、アリスさんが来たら、
　　　　　「待って（い）て下さい」って伝えて下さいませんか。アリスさん
　　　　　にメールをしたんですけど、返事がないんです。

山　　下：いいですよ。アリスさんは何時頃来るんですか。

エミリー：十時までに来ると思います。じゃ、行ってきます。

山　　下：行って（い）らっしゃい。

～

アリス：おはようございます。エミリーさんはおられますか。

山　下：ちょっと出かけて（い）ますけど、「待って（い）て下さい」って
　　　　言って（い）ましたよ。

アリス：そうですか。じゃ、失礼します。

山　下：どうぞ、おかけ下さい。

2

　日本人の友達に赤ちゃんが生まれたので、ゴーさんはお祝いをしようと思っ
ている。でも何をあげればいいか分からないので、今井さんに聞いてみるつも
りだ。まだ日本の習慣で分からないことが多い。仕事のあと、二人は駅前の喫
茶店で会う。

　日本では出産祝いにプレゼント、現金、商品券などをあげる。店の人に頼ん
でプレゼントにのし紙を付ける。現金はのし袋に入れる。何をあげればいいか
分からなかったら、ギフトカタログをあげてもいい。

　親しい友達には、プレゼントをかわいい紙に包んで渡してもいい。

ゴ　ー：今井さん、まだ仕事は終わらないんですか。

今　井：これから本社にメールを送おくらなきゃならないんだけど、すぐ終わ
　　　　る。

ゴ　ー：時間があったら、外でお茶でも飲みませんか。

今　井：そうだね。何か相談？

ゴ　ー：ちょっと。

今　井：じゃ、先にスタバに行って（い）て。

ゴ　ー：はい。

文法

１．動詞て＋くださいませんか。 （尋求賜予）

"……てくださいませんか"比"……てください"更尊敬。

例：「待って（い）て下さい」って伝えて下さいませんか。

"……ていただけますか"（參考第21課）比"……てくださいませんか"
更常使用。

２．動詞た＋ら（……たら）：條件／假設（參考第29課文法１）

例：アリスさんが来たら、伝えて下さいませんか。

　　時間があったら、お茶でも飲みませんか。

"……Aたら"用於說話者知道動作／條件A將會發生。

即：意為"當～"或"～之後"。

例：駅に着いたら、電話します。

３．助詞"でも"：（或某事／某人）

例：お茶でも飲みませんか。

當使用でも，就不使用が和を。

その他

１．〔文語日語〕

"……である" ＝ "……だ"

例：今九時半である。 ＝ 今九時半だ。

２．〔文語和口語〕

"しかし"（文語） ＝ "でも"（口語）

例：しかしまだ返事が来ない。 ＝ でもまだ返事が来ない。

3. 〔文語和口語〕

"……が、……"（文語） ＝ "……けど、……"（口語）

例：アリスさんが来たが、エミリーさんはまだ帰っていなかった。

アリスさんが来たけど、エミリーさんはまだ帰っていなかった。

4. 失礼します

"失礼します"用於進入和離開他人的房間。

"おじゃまします"用於進入他人的私人房子／房間。

5. 〔口語日語〕

參考下列簡體形句尾

敬體	簡體	例
……ですか。	……ですか。	相談？
……てください。	……て。	行って（い）て。
……ないでください。	……ないで。	帰らないで。

6. ちょっと

"ちょっと"用於說話者不希望描述／提起此情況等。

漢字 （△：只要唸）

	音読み	訓読み	意味	言葉
赤				
半				
茶				
銀				
返△				
産				
現△				
待				
伝△				
紙				
駅				
前				
後				
着				

言葉	読み方	品詞	意味
文章と会話1			
エミリー		固有名詞	艾蜜莉（人名）
事務所	じむしょ	名詞	事務所，辦公室
しかし		接続詞	但
約束	やくそく	名詞	約定
遅れる	おくれる	動詞	遲到
返事	へんじ	名詞	回覆
ＡＴＭ	エーティーエム	名詞	自動提款機
並ぶ	ならぶ	動詞	排隊
振り込み	ふりこみ	名詞	匯款
現金	げんきん	名詞	現金
下ろす	おろす	動詞	提領（現金）
～が		助詞	但是～
同僚	どうりょう	名詞	同事
伝える	つたえる	動詞	傳達，轉達
～下さいませんか （＝～下さい）	くださいませんか		能爲／給我～？
かける		動詞	坐
文章と会話2			
赤ちゃん	あかちゃん	名詞	嬰兒
生まれる	うまれる	動詞	出生
（お）祝い	（お）いわい	名詞	恭喜／慶祝
習慣	しゅうかん	名詞	習慣
出産	しゅっさん	名詞	生産
プレゼント		名詞	禮物
商品券	しょうひんけん	名詞	禮券
のし紙	のしがみ	名詞	印有禮籤的禮品包裝紙

付ける	つける	動詞	附上
のし袋	のしぶくろ	名詞	印有禮籤的禮金袋
ギフト		名詞	禮物
カタログ		名詞	型錄
親しい	したしい	い-形容詞	親近的
包む	つつむ	動詞	包裝
相談（する）	そうだん	名詞	商量
本社	ほんしゃ	名詞	總公司
送る	おくる	動詞	寄

その他

| おじゃまします | | | 打擾您 |

第29課

◇ みんなが**行けば**、私も行こうと思っています。
◇ **風邪なら**会社に薬がありますよ。
◇ **さっきもらって**飲みました。

文章と会話

1

　ジェーンさんとよし子さんは同じテニスクラブに入っていて、1年に1回、「体育の日」の連休に旅行がある。

　ジェーンさんが通っている日本語学校では、来週の土曜日にテストがあるかもしれない。ジェーンさんはテストがなければ行きたいと思っている。よし子さんはみんなが行けば行くつもりだ。そのとき、ジェーンさんのクラスメートのエミリーさんが、テストは延期になったと言った。ジェーンさんが行けるようになったので、よし子さんも行くだろう。

ジェーン：今度の旅行によし子さんも行くの？

よし子：まだ決めて（い）ないんだけど、みんなが行けば私も行こうと思って（い）る。ジェーンさんは？

ジェーン：そうね。テストがなければ行けるんだけど。

よし子：何のテストがあるの？

ジェーン：日本語のテスト。たぶん十月八日にあると思うの。

エミリー：あ、あのテストは十月十五日になったわよ。

ジェーン：え、そう。よかった。じゃ、私も行ける。よし子さんも一緒に行こ
うよ。

2

　タンさんは気分が悪わるくて、田中さんが心配している。タンさんは風邪を
ひいたのだと言った。熱があるようなので、もう家に帰ろうと思っている。明
日は金曜日だが、春分の日なので三連休になる。タンさんはゆっくり休んだら
治るだろう。

田　中：タンさん、どうしたんですか。

タ　ン：夕べ寒かったので、風邪をひいたんだと思います。

田　中：熱もあるんですか。

タ　ン：ええ、あるみたいです。のども痛いんです。

田　中：風邪なら会社に薬がありますよ。

タ　ン：さっきもらって飲みました。今日はもう家に帰って休もうと思います。

田　中：それがいいですよ。明日から連休になるから、ゆっくり休んでくださ
い。

タ　ン：ありがとうございます。じゃ、お先に失礼します。

田　中：お大事に。

文法

1. 假定形：條件／假設

1) （A：條件／假設　B：結果／結論）

"Aば、B" 和 "Aたら、B" （參考第28課文法2）

例：みんなが行けば、私も行きます。（i）

　　みんなが行ったら、私も行きます。（ii）

比較下列句型，當陳述A是一個動作／事件，而非狀態時。

句型		A和B的順序	例
（動作/事件）ば	Aば、B	同時	（i）
（動作/事件）たら	Aたら、B	A先發生	（ii）

下列句子（i）和（ii）的意思是：

（i）假使他們要去我也會去。

（ii）他們一走，我就去那裡。

註：在這個 "時間があったら、外でお茶でも飲みませんか"（第28課）句
子中，"時間がある" 是狀態而非動作／事件。

2) 參考下表助動詞 "だ" 和い-形容詞的假定形。（例：名詞或な-形容詞）

	助動詞 "だ"	い・形容詞
1 否定形	Xではない（じゃない）	〔語幹〕くない
2 敬體（肯定）	Xです	〔語幹〕いです
3 肯定形	Xだ	〔語幹〕い
4 假定形	**Xなら**	**〔語幹〕ければ**
5 推量形	Xだろう	〔語幹〕かろう*
6 て-形	Xで	〔語幹〕くて

*）此形的使用此教材不介紹。

例：：い・形容詞：たかい　→　たかければ

　　　例外：いい　→　よければ

　　助動詞"だ"：風邪だ／です　→　風邪なら

註："……ない"的假定形是"……なければ"。

例：ひまじゃない　→　ひまじゃなければしない　→　しなければ

　　ない　→　なければ

2．動詞意志形　（讓我們～）

例：行こう（簡體）　＝　行きましょう（敬體）

その他

1．そのとき　（那時）

参考第30課"……とき（に）"。

2．たぶん　（大概）

例：たぶん十月八日にあると思うんです。

3．〔口語日語〕

んだ-型："……んだ"和"……の"

"……んだ"和"……の"是"……んです"的簡體形。

	んです-型*	んだ-型*
疑問句	……（な）んですか	……（な）の？
其他情形	……（な）んです	……（な）んだ／の

*) 當其與名詞／な-形容詞一起使用時，可加"な"。

例：熱もあるんですか。　→　熱もあるの。（↗）

休みなんです。　→　休みなの。（＼）

4．〔口語日語〕

"簡體形＋よ／ね"

女性在"よ／ね"之前放置"わ"。即"……わよ"，"……わね"。

例：（男性）十月十五日になったよ。

　　　（女性）十月十五日になったわよ。

　　　（例外：……のよ／ね　→　……のわよ／ね）

註：最近女性常用男性用語。

5．動詞"もらう"　（領受，接受）

"もらう"僅用於當事物由下列插圖箭頭顯示的方向移動時。

例：会社から（私が）もらった。

要注意若給予者是人（們）時，也可使用助

詞"に"。

例：田中さんにもらった。

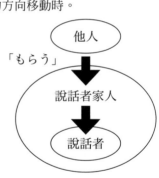

6．家

在會話2中，"家"與"うち"是相同的。

"家"的概念是物理的家而"うち"意爲房子／家庭。

例：家は東京だ。

　　うちは東京だ。

　　うちは五人家族だ

　　（×　家は五人家族だ）

漢字 （△：只要唸）

	音読み	訓読み	意味	言葉
同				
旅				
回				
校				
度				
決△				
悪				
夕				
家				
失△				
礼△				

言葉	読み方	品詞	意味
文章と会話 1			
ジェーン		固有名詞	珍（人名）
よし子	よしこ	固有名詞	佳子（人名）
クラブ		名詞	社團，倶樂部
体育	たいいく	名詞	體育
連休	れんきゅう	名詞	連休
延期	えんき	名詞	延期
たぶん		副詞△	大概／也許
文章と会話 2			
タン		固有名詞	譚（人名）
気分	きぶん	名詞	身體狀況，心情
風邪	かぜ	名詞	感冒
ひく		動詞	感染（感冒）
家	いえ	名詞	家
春分	しゅんぶん	名詞	春分
のど		名詞	喉嚨
もらう		動詞	領受，接受
（お）先に	（お）さきに	副詞	先～
お大事に	おだいじに		請保重

第30課

◇ 店を出るとき「ごちそうさまでした」って言う
んです。
リーさんに会ったとき、この本を返して下さい
ませんか。
◇ 「ありがとうございます」じゃいけませんか。

文章と会話

1

　田中さんはトニーさんにコーヒーをごちそうした。トニーさんは喫茶店を出
るとき田中さんにお礼を言いたかった。田中さんは日本人の習慣を説明した。

　日本人は飲み物や食事をごちそうになったら、店を出るときや別れるときに
「ごちそうさまでした」と言う。

　レストランや家でごちそうになったときは、次に会ったときにも「この間は
ごちそうさまでした」と言う。

（一緒に喫茶店を出る。）

トニー：すいません。こんなとき日本語で何と言えばいいんですか。

田　中：え、どんなとき？

トニー：今、田中さんがぼくのコーヒー代も払ったでしょう。

田　中：うん。そうだね、「ごちそうさまでした」って言えばいいんだよ。

トニー：「ありがとうございます」じゃいけませんか。

田　中：日本人はふつう、「ごちそうさまでした」って言うよ。

トニー：でも、食事が終わったとき「ごちそうさま」って言いますよね。

田　中：他の人がトニーさんの食事代を払ったら、店を出るときや別れるとき
　　　　にも「ごちそうさまでした」って言うんだよ。

トニー：じゃ、田中さん、ごちそうさまでした。

田　中：いいえ。

2

　　スーザンさんが友子さんの家に来ている。

　　スーザンさんは友達4人とバタムという島に行った。友子さんの知り合いの
リーさんも一緒に行った。

　　友子さんは先月リーさんに歴史の本を借りたが、忙しくて会う時間がない。
それでスーザンさんにその本を渡して、「リーさんに返してください」と頼ん
だ。スーザンさんは今週か来週リーさんに会えるだろう。

友　　子：スーザンさん、その写真は何ですか。見せて下さい。

スーザン：この間友達と遊びに行ったときにとったんです。

友　　子：あ、リーさんも一緒だったんですね。どこに行ったんですか。

スーザン：シンガポールの南にある島なんです。きれいでしょう。

友　　子：本当にきれいですね。リーさんに近いうちに会いますか。

スーザン：今週中には会えると思います。

（友子さんは本棚から本を一冊とった。）

友　　子：それじゃ、リーさんに会ったとき、この本を返して下さいませんか。

スーザン：でも、もし今週会えなかったら、来週でもいいですか。

友　　子：ええ。会ったときでかまいません。お願いします。

文法

1．……とき（に）、……　（當〜時，〜）

例：こんな（＝このような）とき、何と言えばいいんですか。

1）"とき"是名詞。參考第19課修飾名詞。

前面語詞和句型		例
な-形容詞＋な	＋とき	このようなとき
名詞＋の		引っ越しのとき
其他用言 →簡體形		食事が終わったとき 店を出るとき

2）此表示時間助詞"に"能省略。

例：こんなとき（に）何と言えばいいんですか。

　　　店を出るとき（に）「ごちそうさまでした」って言うんです。

3）參考下列句型"Aとき、B"中的動作A和B的順序。

Aとき	動作／ 事件的順序	例
動詞基本形＋とき、B	（同時）	食べるとき、はしを使う
	B→A	家を出るとき、窓を閉める
動詞た＋とき、B	A→B	会ったとき、返す

例：リーさんに会ったとき、この本を返して下さいませんか。

　　　（×　リーさんに会うとき、……）

不管是A或B的順序，此"そのとき"（參考第29課）能用於將一個句子分成兩個句子時。換句話說"A。そのときB"。

2．動詞-て＋はいけない（……てはいけない）：禁止或不贊成

〔文語和口語〕

文語	口語
……てはいけない	……ちゃいけない
……ではいけない	……じゃいけない

例：帰ってはいけませんか　→　帰っちゃいけませんか

　　明日ではいけませんか　→　明日じゃいけませんか

用法

	用法	註
1) ……てはいけませんか	尋求允許／贊成	有時聽起來像冒犯的。可適當以"……て（も）いいですか"取代。
2)「……てはいけない」と言う／思う／〜	引述	
3)……てはいけません（よ）	禁止	對自己的小孩，但現今少用。

每個用法的例子：

1)　「ありがとうございます」じゃいけませんか。

　　帰ってはいけませんか。

2)　「帰っちゃいけない」と言った。

　　言ってはいけないと思う。

3)　入っちゃいけません。

　　食べちゃいけませんよ。

此語詞"だめ（な・形容詞）"在口語日語中常用於禁止，且聽起來比"いけない"柔和。

例：Q：ここに車を止めてもいいですか。

　　A：そこは止めちゃだめですよ。

　　（×　そこは止めちゃいけません。）

3．こんな／このような："こそあど系列詞"（連體詞）

文語	口語
このような（名詞）	こんな（名詞）
そのような（名詞）	そんな（名詞）
あのような（名詞）	あんな（名詞）
どのような（名詞）	どんな（名詞）

4．……中 （之内）

　　例：今週中に

5．助詞"か"：（或）

　　例：今週か来週

69

その他

動詞"かまう"（介意）

　　"……て（も）かまわない"幾乎等同"……て（も）いい"（参考第24

　　課）

漢字 （△：只要唸）

	音読み	訓読み	意味	言葉
店				
代				
他△				
達△				
知				
願△				
使				
閉△				
開				
車				
止				

70

言葉	読み方	品詞	意味
文章と会話 1			
お礼	おれい	名詞	道謝，感謝
説明	せつめい	名詞	說明
こんな～			這樣的～
～代	～だい		～費用／費
いけない			（禁止／不當）
ふつう		副詞△	普通
他	ほか	名詞	其他
別れる	わかれる	動詞	離別
文章と会話 2			
友子	ともこ	固有名詞	友子（人名）
バタム		固有名詞	巴淡島（島名）
～という			叫做／稱爲～
知り合い	しりあい	名詞	熟人
返す	かえす	動詞	返還（東西）
遊ぶ	あそぶ	動詞	玩／享受
とる		動詞	拍攝（相片）
～中	～じゅう／ちゅう		～之內
本棚	ほんだな	名詞	書架
かまう	動詞		介意
文法			
窓	まど	名詞	窗戶
閉める	しめる	動詞	關
止める	とめる	動詞	停車／停止

第31課

◇ お客さんが来るまえにいろいろなことを確認した。

◇ 用意はできましたか。

◇ ケーキは買ってあります。

◇ 分かりやすく説明して下さいませんか。

文章と会話

1

けい子さんは部屋をかたづけてから、いつもよりていねいにそうじした。義母の友達が来るからだ。やっとそうじがすんだ。お客さんが来るまえに、義母はけい子さんにいろいろなことを確認した。

お菓子とお茶とくだものは用意してあるが、エアコンはまだつけていない。

けい子さんは家にお客さんが来るのがあまり好きじゃない。

エアコンをつけて部屋が涼しくなったとき、インターホンがなった。

義　母：もうすぐお客さんが来ますよ。用意はできましたか。

けい子：はい、ケーキは買ってあります。

義　母：お茶は用意してありますね。

けい子：ええ、コーヒーと日本茶があります。

義　母：エアコンはつけてありますか。

けい子：あ、まだです。つけてきます。

義　母：それから、くだものはなにかありますか。

けい子：はい、すいかが冷やしてあります。

2

　タンさんはすい飯器がこわれたので、新しいのを買った。使おうと思って箱から出した。ボタンの横に何か書いてあるが、よく分からないので岡田さんに聞いた。それはタイマーの使い方で、岡田さんはタンさんに使い方を説明した。

タ　ン：ここに何て書いてあるんですか。

岡　田：どこ？

タ　ン：ここなんですけど、よく分からないんです。

岡　田：ああ、これ？これは、タイマーの使い方が説明してあるんじゃない？

タ　ン：すいません、もう少しわかりやすく説明して下さいませんか。

岡　田：タイマーを使うときは、このスイッチを押すまえに、このボタンで時間をセットするの。

タ　ン：ああ、わかりました。ありがとうございます。

岡　田：じゃ、おいしいご飯が炊けたらごちそうしてね。

タ　ン：はい。じゃ、いまからお米を洗います。

岡　田：冗談だよ。

文法

1．……まえ（に）、……　（～之前，～）

　　例：お客さんが来るまえに、いろいろなことを確認した。

　　　"まえ"是名詞。

前面語詞和句型		例
名詞＋の	＋まえに	食事のまえに
動詞基本形		スイッチを押すまえに

此表示時間的助詞"に"有時會省略。

"そのまえに"（參考第21課）用於將一個句子分成兩個句子。

例：食事のまえ（に）、手を洗う。

→　食事をする。そのまえに手を洗う。

2．**動詞て＋ある（……てある）**：敘述某人的動作結果

例：ケーキを買う　→　ケーキが買ってある

"……てある"僅用於他動詞。

3．**動詞名詞形＋やすい／にくい**　（易於／難於～）

例：分かりやすい使いにくい

その他

1．**動詞"できる"（準備好／完成）**

例：用意ができる。
宿題ができた。

2．〔文語和口語〕

"何と書く／言う／読む"（文語）＝"何て書く／言う／読む"（口語）

3．〔口語日語〕

"……んじゃない？"（簡體）＝"……んじゃないですか"（敬體）

（參考第18課）

漢字 （△：只要唸）

	音読み	訓読み	意味	言葉
母				
父				
用				
意				
買				
飯				
新				
説				
押△				
引				
洗				
宿△				
題				

言葉	読み方	品詞	意味
文章と会話1			
けい子	けいこ	固有名詞	惠子（人名）
かたづける		動詞	整理／收拾
ていねいに		な-形容詞	仔細地，小心地
やっと		副詞	終於
すむ		動詞	結束／做完
義母	ぎぼ	名詞	婆婆，岳母
確認（する）	かくにん	名詞	確認／驗證
（お）菓子	（お）かし	名詞	甜點，點心
エアコン		名詞	冷氣，空調
つける		動詞	開
客	きゃく	名詞	客人
インターホン		名詞	對講機
なる		動詞	響
用意（する）	ようい（する）	名詞	準備
ケーキ		名詞	蛋糕
すいか		名詞	西瓜
冷やす	ひやす	動詞	冰涼／冷卻
文章と会話2			
炊飯器	すいはんき	名詞	電鍋
こわれる		動詞	壞了
出す	だす	動詞	取出
ボタン		名詞	按鈕
横	よこ	名詞	邊，旁
岡田	おかだ	固有名詞	岡田（人名）
タイマー		名詞	計時器
〜やすい			容易〜

スイッチ		名詞	開關
押す	おす	動詞	按／推
セット（する）		名詞	設定／設置
炊く	たく	動詞	煮／炊
米	こめ	名詞	米
冗談	じょうだん	名詞	玩笑
文法			
手	て	名詞	手
〜にくい			難於〜

第32課

◇ 予習が終わってから寝る。

◇ ベッドに入って寝たほうがいい。

◇ 指定席をとっておいた方が良い。

文章と会話

1

　モニカさんが夜遅く寮に帰ってきた。後輩のカレンさんが机のところで寝ていた。カレンさんは毎日必ず復習と予習をしてから寝る。今日の授業はむずかしかったので、復習にいつもより時間がかかった。まだ予習が終わっていないが、モニカさんが明日の朝早く起きてした方がいいと言ったので、カレンさんもそうしようと思った。

モニカ：カレンさん、寝て（い）るの？風邪をひくわよ。

カレン：あ、モニカさん。今何時？

モニカ：もう夜中の1時よ。ベッドに入って寝たほうがいいわよ。

カレン：でもまだ予習が終わって（い）ないの。予習が終わってから寝る。

モニカ：あまり夜ふかししない方がいいわよ。今夜はもう寝て、明日朝早く起きて予習したほうがいいんじゃない？

カレン：そうね。もう眠くてだめだ。じゃ、明日の朝、起こしてね。

モニカ：分かった。

2

　ジェーンさんは来週神戸に行く。新幹線の切符はまだ買っていない。新幹線はたくさんあるから大丈夫だと思っている。

　中川さんは、東京から神戸まで3時間以上かかるので、座れなかったら辛いだろうと思った。それで、ジェーンさんに指定席をとっておいた方が良いと言った。

　それで、ジェーンさんは帰りに切符を買う。

ジェーン：来週神戸に行くんです。

中　　川：へえ。もう切符は買いましたか。

ジェーン：まだです。でも、新幹線はたくさんあるからだいじょうぶでしょう。

中　　川：どうでしょう。神戸までは3時間以上かかるから、指定席をとっといた方がいいですよ。

ジェーン：そうですか。じゃ、帰りに買います。

中　　川：その方が安心ですよ。

ジェーン：「みどりの窓口」はもう閉まってるでしょうか。

中　　川：8時まで開いて（い）ますよ。

文法

1．動詞た／ない＋ほうがいい：有禮貌的建議（最好要／最好不要～）

例：ベッドに入って寝たほうがいいですよ。

あまり夜ふかししない方がいいですよ。

2．動詞て＋から（……てから、……） （～之後，～）

例：予習が終わってから寝る。

等同語是"それから"，它將一個句子分成兩個句子。

例：予習をしてから寝る。 ＝ 予習をする。それから寝る。

3．動詞て＋おく（……ておく）：爲某事準備的動作

例：指定席をとっておく。

その他

1．〔口語日語〕

"……ておく" → "……とく"（口語）

例：とっておく → とっとく

読んでおく → 読んどく

2．〔文語和口語〕

"良い"（文語） ＝ "いい"（口語）

漢字 （△：只要唸）

	音読み	訓読み	意味	言葉
終				
幹△				
線△				
切				
符△				
良△				
安				
心				
閉△				
開				
読				

言葉	読み方	品詞	意味
文章と会話1			
モニカ		固有名詞	莫妮卡（人名）
後輩	こうはい	名詞	學弟妹，晚輩
カレン		固有名詞	凱倫（人名）
机	つくえ	名詞	辦公桌／桌子
復習	ふくしゅう	名詞	複習
予習	よしゅう	名詞	預習
～から		助詞	～之後
授業	じゅぎょう	名詞	課／講課
夜中	よなか	名詞	夜半
ベッド		名詞	床
夜更かし（する）	よふかし（する）	名詞	熬夜
眠い	ねむい	い-形容詞	想睡，睏
だめ		な-形容詞	不行／不好
起こす	おこす	動詞	叫醒
文章と会話2			
神戸	こうべ	固有名詞	神戸（地名）
新幹線	しんかんせん	名詞	新幹線（高鐵）
中川	なかがわ	固有名詞	中川（人名）
辛い	つらい	い-形容詞	辛苦的／困難的
指定席	していせき	名詞	對號座
とる		動詞	訂位／預訂
～おく			（準備）
帰りに（＞帰り）	かえりに		回程
安心	あんしん	な-形容詞	安心，放心
窓口	まどぐち	名詞	窗口
閉まる	しまる	動詞	關
開く	あく	動詞	開

第33課

> ◇ **本を返しに行く。**
>
> ◇ まだ**1時間半も**ある。
>
> ◇ あっちへ**行きなさい。**
>
> ◇ **宿題をやらずに**テレビを見ている。
>
> ◇ **テレビばかり見ていないで、**宿題をしなさい。

文章と会話

1

　　トムさんは十時半によう子さんの家に行った。しかしよう子さんのお母さんは、よう子さんは出かけていると言った。トムさんは、よう子さんと約束をしていたと言ったが、お母さんはそれを知らなかった。お母さんは謝って、トムさんに入って下さいと言った。トムさんは犬がほえたので、驚いた。お母さんはまた謝った。

　　日本人は、家族の誰かが他人に迷惑をかけたとき、家族の代わりに謝る。

ト　ム：よう子さん（は）いらっしゃいますか。

山　本：よう子はちょっと出かけましたけど。多分お昼には帰って来るでしょう。

ト　ム：どこへ行かれたんですか。ぼくは十時半に会う約束をして（い）たんです。

山　本：えっ、そうなんですか。図書館へ本を返しに行くって言って（い）ま

した。

ト　ム：そうですか。まだ一時間半もある。困ったなあ。メールしてみよう。
　　　　忘れて（い）るかもしれない。

山　本：本当にすみません。とにかくお入りください。

（犬がほえる。）

ト　ム：わっ、びっくりした。

山　本：ごめんなさい。（犬に）だめよ。あっちへ行きなさい。

2
　息子はテレビで柔道の国際試合を見ていた。母親は息子の宿題が心配で、も
うやったのかと聞いた。息子は柔道の試合が心配だった。フランスに負けるか
もしれないのだ。宿題はまだやっていない。

　息子が宿題をやらずにテレビを見ているので、母親は怒ってすぐ宿題をしな
さいと言った。それで息子はすぐにテレビを消さなければならなかった。

母　親：もう宿題はやったの。

息　子：あとでやる。日本が負けるかもしれないんだ。

母　親：テレビばかり見ていないで、今宿題をしなさい。

息　子：これが終わってからする。

母　親：そんなこと（を）言うけど、いつも夜おそくまでテレビ（を）見て
　　　　（い）るでしょう。

息　子：わかったよ。

母　親：すぐテレビを消しなさい。そして宿題をしなさい。

息　子：はーい。あーあ。

文法

1. 動詞名詞形＋に行く／来る （……に行く／来る）

動詞名詞形被視爲名詞，而"動詞名詞形に"用於表達"行く／来る"的目的。

例： (図書館へ本を) 返す

→ (図書館へ本を) 返しに行く。

2. ……も＋肯定形：相對地"……しか＋否定形"

"も"表達數額／數量／～的判斷比通常的狀態大。

例：一時間半もある。

比較：十分しかない。

3. 動詞名詞形＋なさい （敬體的命令形）

"……なさい"用於說話者自己的小孩或寵物。

例：あっちへ行きなさい。

4. ……ず（に）……　＝　……ないで……

例：宿題をやらず（に）　＝　宿題をやらないで

例外：せず（に）　＝　しないで

5. 助詞"ばかり" （一直，成天）

例：テレビばかり見ている。

"ばかり"可以放在格助詞之前或之後（有些例外）。

6．動詞ない＋で（……ないで……）：（不做～，而／但～）

例：テレビばかり見ていないで、今宿題をしなさい。

その他

1．動詞基本形＋約束（をする）　（約定～）

例：十時に会う約束をする。

2．……の代わりに　（代替～）

例：家族の代わりに謝る。

3．〔口語日語〕

在口語日語中，助詞"は"和"を"常省略。

例：よう子さん（は）いますか。

　　そんなこと（を）言うけど、～

漢字 （△：只要唸）

	音読み	訓読み	意味	言葉
図				
館				
親				
息△				
道				
試				
合				
消△				
付△				

言葉	読み方	品詞	意味
文章と会話1			
トム		固有名詞	湯姆（人名）
よう子	ようこ	固有名詞	洋子（人名）
出かける	でかける	動詞	出門
謝る	あやまる	動詞	道歉
ほえる		動詞	吠
他人	たにん	名詞	他人／別人
迷惑	めいわく	名詞	困擾／麻煩
代わり	かわり	名詞	代替，取代
困る	こまる	動詞	傷腦筋，困擾
忘れる	わすれる	動詞	忘記，忘了
びっくりする		動詞	震驚／吃驚
あっち		代名詞	那邊／在那邊（口語）
文章と会話2			
息子	むすこ	名詞	兒子
柔道	じゅうどう	名詞	柔道
国際	こくさい	名詞	國際
試合	しあい	名詞	比擬／比賽
母親	ははおや	名詞	母親
負ける	まける	動詞	敗，敗北
怒る	おこる	動詞	生氣／罵
消す	けす	動詞	關
〜ばかり		助詞	盡是〜

第34課

◇ 海に行くことが多い。

◇ 山に登ったり、川で釣りをしたりしたんです。

◇ パソコンでいろいろ調べながらレポートを書いて（い）たんです。

◇ このデータを入力したあと、三部プリントして下さい。

◇ 田中部長のところに持っていくようにと言った。

89

文章と会話

1

　中村さんは夏休みにはたいてい海に行くが、今年は長野県に行った。長野では親せきの家に泊まり、山に登ったり、川で釣りをしたりして楽しんだ。また、日の出や星空もすばらしかった。

　スミスさんは今年の夏休みはいそがしかった。レポートを二つも書かなければならなかったからだ。長野には行ったことがないから、来年は行きたいと思っている。

スミス：夏休みはいかがでしたか。

中　村：いつもは海に行くことが多いけど、今年は長野に行ったんです。

スミス：長野はよかったでしょう。どんなことをされたんですか。

中　村：朝は散歩をして、昼間は山に登ったり、川で釣りをしたりしたん

す。食べ物がおいしくて、太りましたよ。

スミス：いいなあ。僕も行ってみたいなあ。

中　村：日の出を見たり、夜は星空を見たりして、本当によかったですよ。ス
　　　　ミスさんは。

スミス：僕は今年の夏は忙しくて、毎日パソコンでいろいろ調べながらレポー
　　　　トを書いて（い）たんです。

中　村：そうなんですか。あんまり遊べなかったんですね。

スミス：でも神社のお祭に行って、初めて盆踊りを踊ったんです。

2
　タンさんが輸出用の書類を作っているとき、山田課長が新製品のデータを
持ってきた。そしてタンさんにパソコンの入力を頼んだ。入力してからプリン
トして、それを田中部長のところに持って行くようにと言った。明日の会議で
使うから、タンさんは今日中にやらなければならない。

山　田：タンさん、ちょっと。

タ　ン：はい、何でしょうか。

山　田：このデータを入力したあと、三部プリントして下さい。

タ　ン：三部ですね。

山　田：できたら田中部長のところへ持って（行）ってください。

タ　ン：はい。いつまでにすればよろしいですか。今ちょっと他の仕事をして
　　　　（い）るんですけど。

山　田：急がないので、その仕事をしたあとでいいですよ。でも、今日中にお
　　　　願いします。明日の会議に要るから。

タ　ン：わかりました。

文法

1．**動詞基本形／ない＋ことがある／ない／多い／少ない：偶爾／絕不／常常 ／不常的動作**

例：海に行くことが多い。

藉由 "の"（第25課）名詞化不適用於此句型（即：× 海に行くのが多い。）

2．**（動詞た＋り）＋（動詞た＋り）＋する（……たり、……たりする）**

"Aたり、Bたりする" 意爲（1）"去做A，B等" 或（2）"有時A有時B"

例：（1）山に登ったり、川で釣りをしたりしたんです。
　　（2）暑かったり寒かったりする。

3．**動詞名詞形＋ながら：同時做兩件事**

例：パソコンでいろいろ調べながらレポートを書いて（い）たんです。

在下列例子中，兩個動作不是身體上的同時。

例：働きながら、学校に通っている。

4．**動詞た＋あと（〜之後）：相反詞爲 "動詞基本形＋まえに"（第31課）**

例：このデータを入力したあと、三部プリントして下さい。

"あと" 是名詞。

前面語詞和句型		例
名詞＋の	＋あと	食事のあと
動詞た形		データを入力したあと

比較 "……てから"（參考第32課）和 "……たあと"：一般而言，狀態的 表達不伴隨 "……てから"。

例：× 食べてから、ねむいです。

91

（○　食べてから、ねむくなります。）

動作／事件和状態都可伴随“……たあと”。

例：○　食べたあと、ねむいです。

“そのあと”（那之後）用於將一個句子分成兩個。

例：データを入力してください。そのあと三部コピーして下さい。

5．**動詞基本形／ない＋ように（と）言う　（告訴某人做／不做～）**

例：田中部長のところに持って行っていくようにと言った。

　　風邪のときお風呂に入らないように（と）言った。

その他

1．**い-形容詞“多い”　（許多）**

“多い”不修飾下列名詞。相反詞：“少ない”

例：×　多い人

　　○　人が多い。

2．**ちょっと**

在此對話“ちょっと”意爲“ちょっとすいません”。對上位者或聽者的親近朋友可省略“すいません”。

3．**よろしい：“いい”的尊敬形（參考第21課）**

注意“いい”的謙讓形是“けっこう”。

4．**わかりました／わかった　（了解，明白）**

“わかりました”用於說話者同意／接受聽者的命令／觀念。

漢字 （△：只要唸）

	音読み	訓読み	意味	言葉
海				
県				
山				
川				
星△				
空				
太				
僕△				
初△				
長				
短				
持				
部△				
急				

言葉	読み方	品詞	意味
文章と会話 1			
中村	なかむら	固有名詞	中村（人名）
長野	ながの	固有名詞	長野（地名）
県	けん	名詞	縣
親せき	しんせき	名詞	親戚
泊まる	とまる	動詞	住宿（過夜）
山	やま	名詞	山
登る	のぼる	動詞	登山
〜たり		助詞	〜等（表示動作的並列）
川	かわ	名詞	河川
釣り（→釣る）	つり	名詞	釣魚
釣る	つる	動詞	釣
楽しむ	たのしむ	動詞	享受
日の出	ひので	名詞	日出
星空	ほしぞら	名詞	星空
散歩	さんぽ	名詞	散步
昼間	ひるま	名詞	白天
太る	ふとる	動詞	長胖
調べる	しらべる	動詞	調查
〜ながら		助詞	邊〜邊〜
あんまり（＝あまり）			不太〜（口語）
神社	じんじゃ	名詞	神社
（お）祭り	（お）まつり	名詞	祭典
初めて	はじめて	名詞	初次
盆踊り	ぼんおどり	名詞	盂蘭盆會舞
踊る	おどる	動詞	跳舞
文章と会話 2			

輸出	ゆしゅつ	名詞	輸出
～用	～よう		（做）～用
書類	しょるい	名詞	文件
製品	せいひん	名詞	製品
データ		名詞	資料
入力（する）	にゅうりょく	名詞	輸入
プリント（する）		名詞	列印
～ように			（下令／命令）
急ぐ	いそぐ	動詞	趕・急

第35課

◇　いつまでに訳したらいいですか。
◇　もう全部訳しちゃったんですか。
◇　壊れてしまったのかもしれない。
◇　30分ぐらいで訳してしまった。
◇　4月に買ったばかりでしょう。

文章と会話

1

　リリーさんは今日中に提出しなければならない報告書を書いていた。山口部長が中国語の資料を持ってきて、リリーさんに翻訳を頼んだ。

　リリーさんは自分の仕事は時間がかかるので、先に翻訳をやろうと思った。翻訳はすぐに終わって、リリーさんは山口部長に見せた。山口部長はリリーさんが30分ぐらいで訳してしまったので、感心した。

山　口：ちょっと、この翻訳を頼みたいんですけど。

リリー：はい。いつまでに訳したらいいですか。

山　口：そうですね。3時ごろまでにお願いします。

（10時ごろ）

リリー：部長、さっきの翻訳（が）できました。

山　口：あれ、もう全部訳しちゃったんですか。はやいですね。

リリー：いえ、2枚だけでしたから。チェックして下さい。

山　口：ありがとう。

2

　タンさんは4月に日本に来てアパートを借り、一人で生活を始めた。タンさんは国では家事をしていなかったので、ときどき困ることがある。

　キムさんが来たとき、タンさんは部屋の掃除をしていた。しかし掃除機は変な音がして、床がきれいにならない。タンさんは、壊れてしまったのかもしれないと思った。キムさんがおかしいと思って、掃除機のカバーを開けてみた。紙パックがいっぱいで、取り替えなければならないことが分かった。

タ　ン：困ったなあ。この掃除機（は）ぜんぜんパワーがない。

キ　ム：どうしたんですか。故障ですか。

タ　ン：壊れちゃったかなあ。

キ　ム：それ（は）4月に買ったばかりでしょう。

タ　ン：そうなんですよ。

キ　ム：ちょっと見せて下さい。あ、タンさん、紙パック（を）替えなきゃだ
　　　　めですよ。もういっぱいですよ。

タ　ン：ああ、そうか。自分でやったことがないから分からなかった。

キ　ム：新しいのはあるんでしょう。

タ　ン：ええ、あります。なんだか面倒くさいなあ。

文法

1．……たらいい ＝ ……ばいい

例：いつまでに訳したらいいですか。＝いつまでに訳せばいいですか。

2．**動詞て＋しまう：**

1) 一個動作／事件完全做了（比預期更早／快）

例：30分ぐらいで訳してしまった。

2) 一個動作／事件對說話者來說是後悔的／吃驚的或超越控制的。

例：壊れてしまったのかもしれない。

3) 〔文語和口語〕

文語	口語
……てしまう	……ちゃう
……でしまう	……じゃう

例：訳してしまう → 訳しちゃう

　　読んでしまう → 読んじゃう

3．……で （快得像～，表時間數量之基準）

例：30分ぐらいで

4．**動詞た＋ばかり（だ）** （剛才做了～）

"……たばかり（だ）"表示動作／事件就在剛才發生。

例：4月に買ったばかりでしょう。

その他

1．……けど／から

在"……けど／から"之後的叙述，當聽者了解時常省略。

例：翻訳を頼みたいんですけど（いいですか）。

　　2枚だけでしたから（すぐ終わりました）。

2．動詞"する"　（用作自動詞）

音／においがする（聽／聞）

例：変な音がする。

　　いいにおいがする。

3．"……のかもしれない"幾乎等同"……かもしれない"

例：壊れてしまったのかもしれないと思った。

4．〔口語日語〕

……かなあ：（我懷疑～）

女性常用"……かしら"。

連接"かなあ／かしら"的句型

		例
な-形容詞／名詞＋だ	＋かなあ／かしら	明日は雨かなあ。
其他用言 →簡體形		壊れちゃったかなあ。

漢字 （△：只要唸）

	音読み	訓読み	意味	言葉
全△				
料				
頼△				
枚△				
借				
貸				
始				
変△				
音				
自				
雨				

言葉	読み方	品詞	意味
文章と会話1			
リリー		固有名詞	莉莉（人名）
提出（する）	ていしゅつ	名詞	提出
報告書	ほうこくしょ	名詞	報告書
翻訳	ほんやく	名詞	翻譯
自分	じぶん	名詞	自己
～しまう			（完成／後悔）
感心する	かんしんする	動詞	佩服
チェック（する）		名詞	檢查
文章と会話2			
アパート		名詞	公寓
生活	せいかつ	名詞	生活
始める	はじめる	動詞	開始
国	くに	名詞	國／祖國
家事	かじ	名詞	家事
キム		固有名詞	金（人名）
掃除機	そうじき	名詞	吸塵器
音	おと	名詞	聲音（無生命物的）
床	ゆか	名詞	地板
おかしい		い-形容詞	奇怪
カバー		名詞	蓋子，外殼
開ける	あける	動詞	打開
紙パック	かみパック	名詞	紙袋
いっぱい		名詞	滿
取り替える	とりかえる	動詞	替換，交換
故障	こしょう	名詞	故障
ぜんぜん		副詞△	完全（不～）

101

パワー		名詞	力量
〜ばかり		助詞	一味地做〜／儘
替える	かえる	動詞	（和〜）替換／更換
自分で	じぶんで		自己來〜
面倒くさい	めんどうくさい	い-形容詞	麻煩

その他

におい		名詞	氣味

第36課

◇ **10時を過ぎたのに、まだ帰って来ないね。**

◇ **お見舞いに行かなきゃいけないんです。**

文章と会話

1

　明日は試験がある。リムさんは分からないことがたくさんあるので、山本さんに聞きながら、遅くまで一生けん命勉強している。同じ試験を受ける田中さんはまだ寮に帰っていない。田中さんはいつも真面目に勉強しているから、試験の前に特別勉強する必要はない。

山　本：もう遅いからかぎをかけよう。

リ　ム：田中さん（は）遅いね。どうしたんだろう。

山　本：もう10時を過ぎたのに、まだ帰って来ないね。

リ　ム：本当に遅いね。試験なのに大丈夫かなあ。ちょっとメールしてみる？

山　本：田中さんは頭が良いから心配は要らないだろう。

リ　ム：そうだね。それに、いつもよく勉強して（い）るから問題ないよね。

2

　よし子さんの会社の社長は入院している。3日前に交通事故でけがをしたのだ。よし子さんはお見舞いに行こうと思って、雑誌とくだものを用意した。

　それからメリーさんとホテルのロビーでおしゃべりをしていて、5時半に

なってしまった。病院の食事は6時なので、すぐに行かなければならない。食事中に訪問しない方が良いからだ。よし子さんはメリーさんに、6時までに病院に行かなければいけないと言って、急いでホテルを出て病院に向かった。

よし子：あらっ、もう5時半？

メリー：どうしたの。

よし子：6時までに社長のところにお見舞いに行かなきゃいけないの。

メリー：ご病気なの？

よし子：いや、交通事故で足の骨を折って入院して（い）るの。

メリー：それは大変ね。

よし子：私も車の運転には気を付けよう。

メリー：どこの病院なの？

よし子：K病院。

メリー：じゃ、20分ぐらいかかるわね。

よし子：うん、急行に乗れればぎりぎり間に合うわよね。

文法

1．……のに：竟然～

　　例：もう10時を過ぎたのに、まだ帰って来ませんね。

　　1）不像"けど"，"のに"意為吃驚、抱怨或欽佩。

　　　　連接"のに"的句型

	例
な形容詞／名詞＋だ　＋　なのに	試験なのに、……
其他用言 →　簡體形　＋　のに	10時を過ぎたのに、……

"敬體＋のに"聽起來更尊敬。

2）接續詞"それなのに"用於句型"……のに、……"被分成兩個句子時。

即："……のに、……。"＝"……。それなのに……。"

2．"……なければいけない"（必須）

例：6時までに病院に行かなければいけない。

1）"……なければいけない"能用於不管此人是渴望或不情願去做這件事。參考第26課"……なければならない"。

在會話中"……なければいけない"是用んです句型。

2）"……なければいけません（よ）"應僅用於小孩和說話者的年輕家庭成員。

3）〔文語和口語〕

文語	口語
……なければいけない	……なきゃいけない

例：お見舞いに行かなければいけない。

→ お見舞いに行かなきゃいけない。

その他

"おそくまで"（直到～，到後來）和"早くから"（早就，老早）這些是副詞"おそく"和"早く"的特別用法。

漢字 （△：只要唸）

	音読み	訓読み	意味	言葉
遅△				
過△				
験				
受△				
問				
病				
気				
交△				
通				
足				
付△				
乗				

言葉	読み方	品詞	意味
文章と会話1			
リム		固有名詞	林（人名）
一生けん命	いっしょうけんめい	副詞	拼命
真面目	まじめ	な-形容詞	認眞
特別	とくべつ	な-形容詞	特別
必要	ひつよう	な-形容詞	必要
（かぎを）かける		動詞	上鎖
過ぎる	すぎる	動詞	過，超過
〜のに		助詞	竟然
文章と会話2			
入院（する）	にゅういん（する）	名詞	住院
交通	こうつう	名詞	交通
事故	じこ	名詞	事故
けが（する／をする）		名詞	受傷
（お）見舞い	（お）みまい	名詞	探望／病（在醫院）
メリー		固有名詞	梅莉（人名）
おしゃべり		名詞	聊天
訪問	ほうもん	名詞	訪問
良い	よい	い-形容詞	好的
向かう	むかう	動詞	前往
足	あし	名詞	脚／腿
骨	ほね	名詞	骨
折る	おる	動詞	折斷
運転（する）	うんてん（する）	名詞	開車，駕駛
気を付ける	きをつける		小心，注意
ぎりぎり		副詞	剛剛好，勉強可以
間に合う（→合う）	まにあう		來得及
合う	あう	動詞	合適

第37課

```
◇ 雨が降りそうですね。
◇ 降り出しました。
◇ 一本貸してあげます。
```

文章と会話

1

関東では６月20日ごろから梅雨である。梅雨は１か月ぐらい続く。

今朝は晴れていた。チュアさんは今朝会社へ来るとき荷物が多かったので、かさを持ってこなかった。

やはり午後から空がくもってきた。チュアさんと中村さんはもうすぐ仕事が終わって会社を出る。

中　村：雨が降りそうですね。

チュア：そうですね。毎日いやですね。

中　村：チュアさんはかさは持って（い）ますか。

チュア：いやあ、持って（い）ないんです。あっ、降り出しました。

中　村：私、ロッカーに３本もあるから、１本貸してあげます。

チュア：そうですか、すみません。

2

　期末試験が終わったので、チョンさんと中川さんは採点をしていた。たくさんあって、まだ半分ぐらいしか終わっていない。他の職員はもう帰った。チョンさんは作文をたくさんなおしていて疲れたので、休みたくなった。

　今日は残業になるかもしれないと思ったので、チョンさんは昼休みにケーキやお菓子を買っておいた。中川さんはダイエットをしているので、ふだんはあまりお菓子を食べない。しかし、やせるのは簡単ではない。ケーキが目の前にあると食べてしまうからだ。

チョン：中川さん、それが終わったらちょっと休みませんか。

中　川：これはまだまだ終わりそうにないから、この辺で一休みします。

チョン：ケーキがあるんです。一緒に食べませんか。ほら。

中　川：わあ、おいしそうですね。いただいていいんですか。

チョン：どれがいいですか。好きなのを選んでください。

中　川：これがあまり甘くなさそうですね。これにします。

チョン：はい、どうぞ。

中　川：じゃ、お茶を入れてきます。

文法

1. **動詞名詞形＋そうだ：**（似乎～，看來好像要～）

   "……そうだ" 由視覺訊息做判斷。

   例：雨が降りそうです。

   參考連接更多 "そう" 例的下表：

	句型	例
動詞肯定／否定	名詞形＋そう／そうにない	肯定：降りそうだ 否定：降りそうにない
い-形容詞	語幹＋そう	おいしそうだ
な-形容詞		元気そうだ
名詞	不適用（使用 "よう／みたい"）	
形容詞／助動詞"だ"的否定形（……ない）	……なさそう	甘くなさそうだ 学生じゃなさそうだ

   "そう" 變化如な-形容詞（……そうだ／そうに／そうな）

2. **動詞名詞形＋だす／始める**　（正開始～）

   例：雨が降り出しました。

   相反的表達是 "動詞名詞形＋終わる"（～結束）。

   句型 "……だす" 和 "……終わる" 只能夠應用於肯定動詞。參考下表：

	常用動詞
……だす（開始～）	降る、走る、歩く、動く
……始める（開始～）	（幾乎可接任何動詞）
……終わる（～完）	食べる、飲む、読む、見る

3．**動詞て＋あげる**：此動作被當作某人的利益。

　　例：1本貸してあげます。

　　1）動詞

　　　　"貸す"，"見せる"和"教える（讓某人知道，告訴某人）"常用於

　　　　此句型。

　　2）圖中箭頭所指的人是受益人。

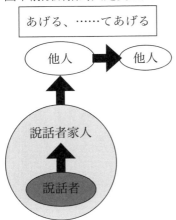

　　3）"……てあげる"一定不要用於比自己年齡大者或上位者。

　　　　例：× 先生、貸して／見せて／教えてあげます。

　　　　參考第50課"あげる"的謙讓語"お＋動詞名詞形＋する"和"さしあ

　　　　げる"（"あげる"的謙讓形）。

その他

1．**まだまだ**　（仍有很長的時間・距離）

　　例：まだまだ終わりそうにない。

2．**この辺**

"この辺"表明時間，可接用助詞"で"。

3．いただく　　（接受／吃／喝）

"いただく"是謙讓語詞，用於代替"もらう／食べる／飲む"。（參考第
50課文法1）

例：いただいていいんですか。　＝　もらっていいんですか。

4．お茶を入れる　　（泡茶）

爲人泡茶"お茶"或咖啡"コーヒー"時，使用"入れる"。

漢字 （△：只要唸）

	音読み	訓読み	意味	言葉
降				
続				
晴△				
荷△				
午				
村				
毎				
員				
室				
残				
作				
業				
好				
選△				
動				
教				

言葉	読み方	品詞	意味
文章と会話1			
関東	かんとう	固有名詞	關東（地區名）
梅雨	つゆ	名詞	梅雨
続く	つづく	動詞	繼續
晴れる	はれる	動詞	（天空）放晴，晴天
くもる		動詞	陰（天），多雲的
チュア		固有名詞	蔡（人名）
～そう			好像～
いや		な-形容詞	討厭／厭惡
いや（あ）			不
～出す	～だす	動詞	開始～
ロッカー		名詞	儲物櫃
貸す	かす	動詞	借出
文章と会話2			
期末	きまつ	名詞	期末
職員室	しょくいんしつ	名詞	教職員辦公室
採点(する／をする)	さいてん(する／をする)	名詞	評分
残る	のこる	動詞	留下，剩餘
なおす		動詞	修正／修改／治癒
ダイエット		名詞	節食，減肥
ふだん		名詞	平常
やせる		動詞	瘦
目	め	名詞	眼睛
前	まえ	名詞	前面
まだまだ		副詞△	仍有很長的時間・距離
この辺	このへん	名詞	（時間）到此
一休みする	ひとやすみする	動詞	休息一下

ほら			"你看"，"瞧"
いただく（＞もらう）		動詞	接受（飲食）享用
わあ			"哇"
選ぶ	えらぶ	動詞	選擇／選取
甘い	あまい	い-形容詞	甜的

文法

～始める	～はじめる	動詞	開始～
動く	うごく	動詞	動，移動，活動

第38課

◇ 小林さんが手伝ってくれた。

◇ 母に送ってもらったんです。

◇ 連れて(い)ってやろうと思うんです。

文章と会話

1

　メリーさん宛てに宅配便が来て、ホストファミリーの小林さんが受け取った。日本ではサインする代わりにはんこを押す。荷物は床の上に置いてもらった。メリーさんがすぐに取りにきたが、重いので小林さんが手伝ってくれた。荷物はメリーさんが国の母親に頼んだ参考書である。

ドライバー：宅配です。ハンコお願いします。

小　　　林：はい。

ドライバー：重いですよ。どこに置けばいいですか。

小　　　林：じゃ、床でいいです。

ドライバー：はい。どうもありがとうございました。

小　　　林：ご苦労様でした。

　　　　　　メリーさん、荷物が届いたわよ。

メ　リ　ー：あ、すいません。わあ、重い。

小　　　林：一緒に持ってあげる。中は何？

メ　リ　ー：国で使っていた参考書です。母に送ってもらったんです。

2

　もうすぐ旧正月である。チャンさんはパタヤに、田中さんはバリに行く計画を立てている。パタヤもバリも人気があるので、混むだろう。チャンさんは、友達が旅行会社に勤めているので、いつも予約をしてもらっている。今回、田中さんはその友達を紹介してもらう。

田　中：旧正月の休みはどうされるつもりですか。

チャン：パタヤに行くんです。

田　中：ご家族でですか。

チャン：ええ、子どもの学校も休みだから連れて（い）ってやろうと思うんです。

田　中：飛行機やホテルはもう予約されたんですか。

チャン：旅行会社に勤めて（い）る友達に予約してもらったんです。

田　中：僕はバリに行きたいと思って（い）るんです。

　　　　よかったら、その会社を紹介して下さいませんか。

チャン：いいですよ。担当者と連絡先を教えてあげます。混むから早く予約したほうがいいですよ。

文法

1. **動詞て＋くれる／くださる**　（幫忙說話者的某人之動作）

　　例：田中さんが手伝ってくれた。

　　動詞"くださる"是"くれる"的尊敬形。

　　例：本をくださった。

　　　　先生が紹介してくださる。

1)　"くださる"是G−1動詞，而它的ます形是"くださいます"。

ない形	くださらない
ます形	くださいます
基本形	くださる
假定形	くだされば
意志形	くださろう
て-形	くださって

2)　插圖中箭頭指的人是受益人。

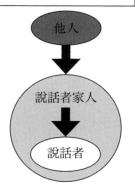

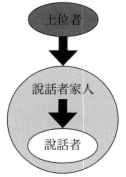

2．動詞て＋もらう／いただく （要／得到某人為我／我們做～）

參考動詞"もらう"（第29課）

例：母に送ってもらったんです。

"……ていただく"是謙讓表現（參考第37課その他2）

例：先生に貸していただいた。

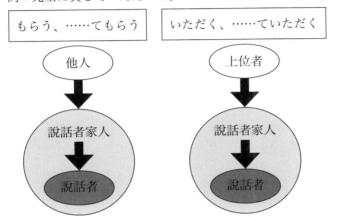

3．當說話者為其他年輕家庭成員做某事時，"やる"有時會改用"あげる"
（參考第37課）。

例：子どもを連れて行ってやろうと思うんです。

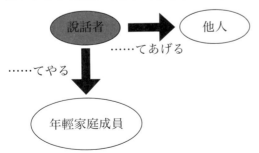

その他

1．**……する代わりに**　（取代～做～）（参考第33課その他２）

例：サインする代わりに

2．**ご苦労様（でした）**

"ご苦労様（でした）"用於感謝駕駛和送貨員的勞動。

3．**ご家族でですか。**

助動詞"です／だ"用於取代原本使用的動詞。

例：ご家族でですか。　＝　ご家族で行くんですか。

漢字（△：只要唸）

	音読み	訓読み	意味	言葉
便				
取△				
置△				
重				
軽				
考				
送				
届△				
正				
計				
画				
立				
予△				
勤△				
族				
飛△				

言葉	読み方	品詞	意味
文章と会話1			
宅配便	たくはいびん	名詞	宅急便
ホストファミリー		名詞	寄宿家庭
小林	こばやし	固有名詞	小林（人名）
受け取る	うけとる	動詞	領取
サイン		名詞	簽名
はんこ		名詞	印章
置く	おく	動詞	放，放置
取る	とる	動詞	取
重い	おもい	い-形容詞	重的
参考書	さんこうしょ	名詞	參考書
ドライバー		名詞	駕駛
ご苦労様でした	ごくろうさまでした		辛苦您了
届く	とどく	動詞	寄（送）達
文章と会話2			
旧正月	きゅうしょうがつ	名詞	舊暦新年
パタヤ		固有名詞	芭達雅（地名）
計画	けいかく	名詞	計畫
バリ		固有名詞	峇里島（地名）
人気	にんき	名詞	人氣，受歡迎
混む	こむ	動詞	擁擠
今回	こんかい	名詞	此次
紹介する	しょうかい	動詞	介紹
連れる	つれる	動詞	帶（人）
〜やる		動詞	（給人〜）
担当者	たんとうしゃ	名詞	擔任者
連絡先	れんらくさき	名詞	聯絡地址

文法

くださる	くださる	動詞	給（我／我們）

第39課

◇　だんだん雲が多くなり、風も強くなってきた。
◇　9時のニュースによると、台風13号が来ているそうです。
◇　そうだといいんですけど。
◇　味がからすぎる。

文章と会話

1

　日本では毎年8月から10月に台風が来る。特に9月に多い。

　台風は南から北へ移動する。現在台風13号が九州に来ているので、本州もこれから影響を受ける。東京も朝は空が明るかったが、だんだん雲が多くなり、風も強くなってきた。

リ　ー：風が強くなってきましたね。

中　川：ええ、雲も厚くなってきて雨が降りそうですよ。

リ　ー：台風でしょうか。

中　川：9時のニュースによると、台風13号が九州の南まできて（い）るそうです。

リ　ー：そうなんですか。こちらへは来るんでしょうか。

中　川：天気予報ではこちらには来ないそうですよ。

リ　ー：そうだといいんですけど。

2

　鈴木さんは毎年健康診断でいろいろな問題が見つかる。食べるものに気を付けたり、運動をしたりしている。しかし、体重は増えたり減ったりしている。

　半分以上の社員は健康のためにお弁当を持ってくるが、若い社員は男性も女性も外に食べに行く。

田　中：あ、鈴木君、お昼に行かない？

鈴　木：あ、行こう。どこ（へ）行こうか。

田　中：そこの新しい中華屋さん、わりとおいしいよ。

鈴　木：あ、この間行ったけど、味がからすぎると思うよ。

田　中：そうかなあ。じゃ、洋食にしようか。

鈴　木：そうしよう。

田　中：鈴木君はあまりしおからいものは好きじゃないの？

鈴　木：好きなんだけど、あまり食べすぎると体によくないから。

文法

1．〔文語日語〕

　　在書寫日語中常用於取代"動詞て形""動詞名詞形"來連結句子。

　　例：雲が多くなり、風も強くなってきた。

　　　＝　雲が多くなって、風も強くなってきた。

2．……によると／よれば（根據～）：提及消息來源。

　　例：9時のニュースによると　中川さんによれば

　　"……では"除了人（們）以外的提及。

　　例：天気予報では

　　　　（×　中川さんでは）

3. **簡體形＋そうだ**　（據說〜，聽說〜）

　　例：台風13号が九州の南まできているそうです。

4. **現在／將來式簡體形＋といいんですけど**（口語）

　　現在／將來式簡體形＋といいのですが（文語）

　　此句型只用於焦慮出現時。

　　例：そうだといいんですけど。（台風が来ないといいんですけど。）

　　比較"……といいです（ね）"它意味"我希望〜"

5. **……すぎる**：表示事物，數量，不可數數量等，超額程度。

　　連接"すぎる"的型態

		例	
動詞　　　→　　名詞形	飲む　　→　　飲み		飲みすぎる
い-形容詞　→　語幹	からい　→　から		からすぎる
な-形容詞	不便		不便すぎる

その他

1. **……君**

　　"君"是接於名／姓下面的接尾詞，"……君"主要用於男性稱呼其年輕男性下屬或朋友。

2. **……に良い／悪い**　（對〜好／不好）

　　例　体に良くない。

漢字 （△：只要唸）

	音読み	訓読み	意味	言葉
特				
雲△				
風				
味				
在△				
号△				
州△				
厚△				
天				
報△				
運				
体				
男				
女				
君△				
洋				
不				

言葉	読み方	品詞	意味
文章と会話 1			
毎年	まいとし／まいねん	名詞	毎年
南	みなみ	名詞	南
北	きた	名詞	北
移動する	いどうする	動詞	移動
現在	げんざい	名詞	現在
～号	～ごう	助数詞	～號
九州	きゅうしゅう	固有名詞	九州（地名）
本州	ほんしゅう	固有名詞	本州（地名）
影響	えいきょう	名詞	影響
受ける	うける	動詞	接受
明るい	あかるい	い-形容詞	明亮的
だんだん		副詞	漸漸～
雲	くも	名詞	雲
～そう			好像～
文章と会話 2			
健康診断	けんこうしんだん	名詞	健康檢查
見つかる	みつかる	動詞	找到
運動	うんどう	名詞	運動
体重	たいじゅう	名詞	體重
減る	へる	動詞	降低／減少
～以上	～いじょう	名詞	～以上
弁当	べんとう	名詞	便當
男性	だんせい	名詞	男性
女性	じょせい	名詞	女性
鈴木	すずき	固有名詞	鈴木（人名）
～君	～くん		～君（對男性晚輩）

わりと		副詞	比較地
味	あじ	名詞	味道
からい		い-形容詞	鹹的／辣的
～すぎる			過於～
しおからい（→しお）		い-形容詞	鹹的
しお		名詞	鹽
体	からだ	名詞	身體

第40課

◇ あまりよくないらしいです。

◇ 薬を飲んでも熱が下がらないらしいんです。

◇ 4月になると桜が見られます。

文章と会話

1

香港出身のトムさんとジョンさんは今年の4月に日本に来た。10月になって朝晩の気温の差が大きくなり、ジョンさんは風邪をひいてしまった。それで来週予定している帰国を中止しなければならないそうだ。まだ日本の気候に慣れていないので、気を付けなければいけない。

本　田：ジョンさんの具合はどうですか。元気になりましたか。

ト　ム：それが、まだあまりよくないらしいです。

本　田：もう1週間になるのに、まだよくならないんですか。

ト　ム：ええ、薬を飲んでも熱が下がらないらしいんです。

本　田：風邪ですか。注射はしたんでしょうか。

ト　ム：ええ。お医者さんは風邪だって言って（い）たらしいけど。それで来週帰国するのはやめるって言って（い）ました。

本　田：でも、飛行機は予約したんでしょう。

ト　ム：予約は取り消したみたいですよ。

本　田：早くよくなるといいですね。最近気温の変化が激しくて朝晩冷えるから、トムさんも気を付けて下さいね。

2

　シンガポール人のリムさんは日本の冬を初めて経験した。温泉に行ったり、スキーをしたりした。スキーはしたことがなかったが、すぐにすべれるようになって楽しかった。しかし寒いのはにがてだ。暑いシンガポールをよく思い出す。

　でも、日本では季節が変わると、景色も食べ物も変わるからおもしろい。シンガポールでは一年中市場で同じものを売っている。

リ　ム：やっと暖かくなってきましたね。

中　山：本当ね。今日は特に気温が上がるらしいわよ。4月になると桜がさいてきれいよ。

リ　ム：じゃ、みんなでお花見をしましょう。

中　山：そうね。ところで、たけのこをもらったの。一つあげましょう。

リ　ム：たけのこって、どうやって食べるんですか。

中　山：お米を洗った水に一晩つけておいて、次の日に煮るのよ。

リ　ム：味付けは？

中　山：だしはわかる？

リ　ム：日本のだしですね。

中　山：そう。だしにおしょう油やお砂糖やお酒を入れて、5分ぐらい煮るとおいしくできますよ。

リ　ム：難しくなさそうですね。

中　山：簡単よ。

文法

1．簡體形＋らしい：幾乎等同於"簡體形＋そうだ"（參考第39課文法3）

"……らしい"比"……そうだ"要常用於會話。

"……そうだ"比"……らしい"聽起來更正式。

例：あまりよくないらしいです。　＝　あまりよくないそうです。

連接"らしい"的句型

		例
な-形容詞／名詞＋だ		風邪<ruby>風邪<rt>かぜ</rt></ruby>らしい
其他用言 →簡體形	＋らしい	熱<ruby>熱<rt>ねつ</rt></ruby>が下がらないらしい

*）"……らしい"的變化如い-形容詞。

2．動詞-て＋も（……ても、……）（縱使〜也〜，不管〜也〜）

例：薬<ruby>薬<rt>すり</rt></ruby>を飲んでも熱<ruby>熱<rt>ねっ</rt></ruby>が下がらないらしいんです。

"……ても、……"句型被分成兩個句子時，會使用接續詞"それでも"。

即："……ても、……。"　＝　"……。それでも……。"

3．現在／將來式簡體形＋と：伴隨某一結果。此陳述"……と"必須伴隨非為意圖／要求／希望／命令，等之表達。

例：4月になると桜<ruby>桜<rt>さくら</rt></ruby>が見られます。

　　　（×　4月になると桜<ruby>桜<rt>さくら</rt></ruby>が見たいです。）

その他

1．……といい　（我希望〜）（參考文法3）

例：早くよくなるといいですね。

2．にがて＝あまり好きではない

例：寒さむいのがにがてだ。

甘あまいものがにがてだ。

3．それが、……

"それが"一般伴隨著否定聽者假定的陳述。

例：それが、まだあまりよくないらしいです。

漢字（△：只要唸）

	音読み	訓読み	意味	言葉
元				
薬				
熱△				
者				
楽				
寒				
暑				
色				
市				
花				
米△				
晩△				
油△				

言葉	読み方	品詞	意味
文章と会話1			
出身	しゅっしん	名詞	家鄉／城鎮
晩	ばん	名詞	晚上
気温	きおん	名詞	氣溫
差	さ	名詞	差
帰国	きこく	名詞	回國
中止（する）	ちゅうし（する）	名詞	中止
気候	きこう	名詞	氣候
慣れる	なれる	動詞	習慣於
具合	ぐあい	名詞	（身體的）狀況
〜らしい			他們說〜／聽說〜
下がる	さがる	動詞	退燒／下降
注射	ちゅうしゃ	名詞	打針
やめる		動詞	退出／停止
取り消す	とりけす	動詞	取消
〜と		助詞	（因果關係）一〜就〜
最近	さいきん	名詞	最近
変化	へんか	名詞	變化
激しい	はげしい	い-形容詞	大的／劇烈的
冷える	ひえる	動詞	冷
文章と会話2			
シンガポール		固有名詞	新加坡
経験	けいけん	名詞	經驗
温泉	おんせん	名詞	溫泉
すべれる（→すべる）			
すべる		動詞	滑／滑動
思い出す	おもいだす	動詞	想起

市場	いちば	名詞	市場
上がる	あがる	動詞	上升
さく		動詞	盛開／開花
花見	はなみ	名詞	賞（櫻）花
たけのこ		名詞	竹筍
つける		動詞	醃漬
煮る	にる	動詞	煮／煨
味付け	あじつけ	名詞	調味
だし		名詞	高湯
しょうゆ		名詞	醬油
砂糖	さとう	名詞	砂糖

第41課

◇ 名古屋に転勤することになったそうですね。

◇ 今月中に移ることにしました。

◇ **遊んでばかりいる。**

文章と会話

1

　日本人は、今までいた場所を離れるとき、まわりの人に「お世話になりました」と言う。

　西川さんはもうすぐ名古屋の工場に転勤する。今月中に一人で名古屋に移り、家族は来年の4月に引っ越すことにした。学校は4月に新しい学年が始まるからだ。

　山下さんはこれからみんなと相談して送別会の準備をする。

山　下：西川さん、今度名古屋に転勤することになったそうですね。

西　川：ええ、いろいろお世話になりました。

山　下：いつ決まったんですか。

西　川：3日前です。

山　下：ご出発はいつですか。

西　川：来月から出社しなきゃいけないので、私だけ今月中に移ることにしました。

山　下：ご家族は。

西　川：子どもの学校の春休みに引っ越します。それまでに家を探さなきゃな
　　　　らないから大変です。
山　下：すぐに見つかるといいですね。

2
　　サムさんは日本語能力試験を受けることにした。中川さんはサムさんを応援
することにした。それで、漢字をたくさん覚えたらおすしかラーメンをごちそ
うしてあげると言った。おすしの場合は300覚えなければならない。

中　川：日本語能力試験は受けるの？
サ　ム：ええ、今日もうしこみました。あまり自信はないけど。
中　川：漢字は大丈夫？
サ　ム：いやあ、遊んでばかりいて、あまり練習して（い）ないから。
中　川：じゃ、今日から遊ぶのをやめて練習したら？
サ　ム：ええ。それで、毎日新しい漢字を10個覚えることにしたんです。
中　川：じゃ、ちゃんと続けて300覚えたら、おすしをごちそうしてあげる。
サ　ム：え、200じゃだめですか。
中　川：いいわよ。でも200ならラーメンよ。
サ　ム：えっ！？

文法

1. 動詞基本形／ない＋ことになる （被決定～）

例：名古屋に転勤することになったそうですね。

2. 動詞基本形／ない＋ことにする （我決定～）

例：今月中に移ることにしました。

3. 動詞-て＋ばかりいる （一味，只做～）

例：遊んでばかりいる。

参考第33課"名詞＋ばかり"。

その他

1. 〔口語日語〕

動詞たら／動詞ば＋？：隨意建議（爲何不～?）

例：練習したら？ ＝ 練習すれば？

2. ～個

"個"是助數詞，用於數可見的和小物體。但，如今"個"更靈活地用於像

會話2中的用法。

漢字（△：只要唸）

	音読み	訓読み	意味	言葉
古				
屋				
工				
場				
転				
別				
発				
力				
個△				
練△				
習				

言葉	読み方	品詞	意味
文章と会話1			
離れる	はなれる	動詞	離開（～場所）
まわり		名詞	周遭
世話になる（→世話）	せわになる		受照顧
世話	せわ	名詞	照顧
西川	にしかわ	固有名詞	西川（人名）
名古屋	なごや	固有名詞	名古屋（地名）
工場	こうじょう	名詞	工廠
転勤	てんきん	名詞	轉職／調轉
移る	うつる	動詞	移動、搬家
学年	がくねん	名詞	學年
送別会	そうべつかい	名詞	歡送會
準備（する）	じゅんび（する）	動詞	準備
～ことになる／する			（決定）
決まる	きまる	名詞	決定／既定
出発（する）	しゅっぱつ（する）	名詞	出發
出社（する）	しゅっしゃ（する）	名詞	上班／到辦公室
探す	さがす	動詞	尋找
文章と会話2			
サム		固有名詞	山姆（人名）
能力	のうりょく	名詞	能力
受ける	うける	動詞	接受（應考）
応援（する）	おうえん（する）	名詞	支持，加油
覚える	おぼえる	動詞	背，學，記下來
場合	ばあい	名詞	場合
もうしこむ		動詞	報名
自信	じしん	名詞	自信

141

～個	～こ	助数詞	（數小事物）
ちゃんと		副詞	適當地，好好地
続ける	つづける	動詞	繼續

第42課

◇ 電気をつけたまま寝てしまった。

◇ 少なくとも6時間は寝たほうがいいですよ。

◇ なかなかねられないんだよ。

文章と会話

1

夜中の1時ごろニコルさんが宿舎に帰ってきたとき、野口さんの部屋にまだ電気がついていた。野口さんは眠くなり、電気をつけたまま寝てしまったのだ。翌朝ニコルさんは、野口さんに会った。ITエンジニアの野口さんは、最近夜中まで仕事をすることが多いそうだ。ニコルさんは心配して、毎日少なくとも6時間は寝たほうがいいと言った。ニコルさんは日本人は働きすぎると思っている。

ニコル：野口さん、昨日は遅くまで仕事をして（い）たみたいですね。

野　口：夕べは電気をつけたまま寝ちゃったんだよ。

ニコル：ああ、そうだったんですか。

野　口：でも、この頃てつやをすることが多いんだ。

ニコル：無理をするのは体によくないですよ。少なくとも6時間は寝たほうがいいですよ。

野口：分かって（い）るんだけど、仕事が多くてなかなか寝られないんだよ。

2

　サムさんの会社の近くにあるお弁当屋さんは人気があり、昼休みにはサラリーマンがたくさん買いに来る。サムさんも日本のお弁当が大好きで、さけ弁当やうなぎ弁当をよく買う。

　この日はとんかつ弁当とみそ汁を買った。

店員：お弁当は温めますか。

サム：あ、そのままでいいです。

店員：おはしはお付けしますか。

サム：はい、お願いします。

店員：750円になります。

サム：じゃ、これで。

店員：250円のお返しです。ありがとうございました。

文法

1．……**まま**……：無標準或必須程序的做某事

　　1）動詞た＋まま……動詞'

　　　　例：電気をつけたまま寝てしまった。

　　　　参考"動詞ない＋で"（第33課）

　　　　例：電気をつけたまま　＝　電気を消さないで

　　2）この／その／あの＋まま

　　　　例：そのままでいいです。

　　3）特定名詞連接"まま"即："名詞の＋まま"

　　　　例：生のまま食べる。

　　　　　　くつのまま入る。

2．い-形容詞〔語幹〕く＋ても　（至少／至多／〜）

例：少なくとも６時間は寝たほうがいですよ。

此句型適用於い-形容詞，如"少ない"、"多い"、"早い"、"遅い"和"高い"。

（……とも　＝　……ても）

註：助詞"は"常與數字／數量／期間／〜等連結，即"……ても……は"。

3．なかなか＋否定形　（不易／很快）

例：仕事が多くてなかなか寝られないんだよ。

その他

1．お付けしますか。

"お＋動詞名詞形＋する"是動詞的謙讓形。（參考第50課文法1）

例：付けますか。　→　お付けしますか。

2．名詞に＋なる　（參考第22課文法4）

"……になります"廣泛用於服務業告訴顧客價格／物品／地點。

例：750円になります。（＝750円です。）

こちらになります。（＝こちら／これ／ここです。）

3．お返し　＝　おつり

這裡的"お返し"僅用於推銷員對其顧客。一般而言"お返し（＞返す）"意為"返還"。

漢字 （△：只要唸）

	音読み	訓読み	意味	言葉
電				
最△				
近				
働				

言葉	読み方	品詞	意味
文章と会話1			
ニコル		固有名詞	妮可（人名）
宿舎	しゅくしゃ	名詞	宿舎／住宿
野口	のぐち	固有名詞	野口（人名）
電気	でんき	名詞	燈光／電氣
つく		動詞	打開／開
〜まま		助詞	保持〜、就〜那樣
翌朝	よくあさ	名詞	次日早晨
ＩＴ	アイティー	名詞	資訊科技
エンジニア		名詞	工程師
少なくとも	すくなくとも	副詞△	至少也
てつや（する）		名詞	徹夜、通宵
無理(する／をする)	むり(する／をする)	名詞	工作過度／勉強
なかなか（……ない）		副詞△	（不）容易／馬上
文章と会話2			
サラリーマン		名詞	上班族
さけ弁	さけべん	名詞	鮭魚便當
うなぎ		名詞	鰻魚
とんかつ		名詞	炸豬排
みそ汁	みそしる	名詞	味噌湯
温める	あたためる	動詞	加熱
お返し	おかえし	名詞	返還
おつり		名詞	找錢

147

◇　**買い物しようとしたら、お金が足りなかったの。**

◇　**はき気がするんです。**

文章と会話

1

　　なつ子さんはこれからカレーを作ろうと思い、冷蔵庫から材料を出した。
ジェーンさんはでかけた。買い物をしてからビデオを返し、本を借りてくるつ

もりだ。ジェーンさんが帰るまでにカレーができているだろう。

　　ところが……。

なつ子：あら、ジェーンさんどうしたの。さっき出かけたばかりでしょう。

ジェーン：うん、買い物（を）しようとしたら、お金が足りなかったの。

なつ子：カードで払えないの？

ジェーン：小さなお店だから。

なつ子：ちょうどいいわ。こしょうとスパイスが足りないの。買ってこな
　　　　　きゃ。一緒に行きましょう。

ジェーン：ついでにスーパーによって買ってきてあげる。

なつ子：本当？悪いわね。

ジェーン：ううん。いつものね。

2

　タンさんは夕食後胃が痛くなった。普通は薬を飲めば治るが、翌朝になっても治らなかったので、病院に行った。医者は診察をして薬を出した。タンさんは今日一日何も食べられない。

医　者：どうしましたか。

タ　ン：胃が痛いんです。

医　者：いつからですか。

タ　ン：夕べ食事をしたら、痛くなったんです。

医　者：ちょっと横になって下さい。はき気はしませんか。

タ　ン：何か食べると、はき気もするんです。

医　者：お薬を出します。今日は何も食べないほうがいいですよ。

タ　ン：おかゆもだめですか。

医　者：少しならかまわないでしょう。

タ　ン：どうもありがとうございました。

医　者：お大事に。

文法

1. **動詞よう＋とする**　（將要／要做～）

　　例：買い物をしようとした。

2. **動詞-たら＋過去事件**：在動作被"……たら"描述後的未被期待的經驗。

　　例：夕べ食事をしたら、痛くなったんです

その他

1．**小さな ＝ 小さい**

"小さな"，"大きな"和"おかしな"當其修飾名詞時，通常取代"小さい"，"大きい"和"おかしい"。

例：小さな店、大きな会社、おかしな形

2．〔日語口語〕

會話中省略"ならない"和"いけない"

		例
……なきゃならない。	……なきゃ。	買ってこなきゃ。
……なきゃいけない。	……なきゃ。	帰らなきゃ。

3．**悪い**：在此語境，"悪い"意爲謝謝你。（口語）

"悪い（わ）ね"或"悪いですね"用於某人幫說話者忙時。

4．**ううん**　（口語）（毫不）

5．**小病的表達**

1)　"……がする"

例：はき気がする（はき気：想吐）

寒気がする（寒気：畏寒）

どうきがする（どうき：心悸）

2)　"……が出る"

例：熱が出る

せきが出る（せき：咳嗽）

くしゃみが出る（くしゃみ：打噴嚏）

漢字 （△：只要唸）

	音読み	訓読み	意味	言葉
払△				
院				
医				
横△				

言葉	読み方	品詞	意味
文章と会話1			
なつ子	なつこ	固有名詞	夏子（人名）
カレー		名詞	咖哩
冷蔵庫	れいぞうこ	名詞	冰箱
材料	ざいりょう	名詞	材料／配料
ところが		接続詞	但是
足りる	たりる	動詞	足夠
カード		名詞	卡片
小さな（＝小さい）	ちいさな		小的
ちょうど		副詞	正好
こしょう		名詞	胡椒
スパイス		名詞	香料
ついでに		副詞	順便
よる		動詞	順道
文章と会話2			
～後	～ご		之後～
胃	い	名詞	胃
治る	なおる	動詞	治療／療癒
診察	しんさつ	名詞	診察
横になる	よこになる	動詞	躺下
はき気	はきけ	名詞	想吐
おかゆ		名詞	粥
その他			
寒気	さむけ	名詞	畏寒／發冷
どうき		名詞	心悸
せき		名詞	咳嗽
くしゃみ		名詞	打噴嚏

第44課

◇ 先生にほめられた。
◇ 絶対盗まれちゃいますよ。
◇ 読むことも書くこともできないんです。

文章と会話

1

　リムさんは中国人だが、漢字が苦手だ。いつもテストでは読み方をたくさん間違えてしまう。でもこの間のテストでは全部できたので、先生にほめられた。ケントさんはまだ漢字ができない。漢字の読み方がたくさんあると聞いて少し驚いた。

ケント：リムさん、うれしそうですね。何かあったんですか。

リ　ム：漢字のテストで初めて100点をとったら、先生にすごいねって言われたんです。

ケント：本当にすごいですね。僕は漢字はまだ読むことも書くこともできないんです。

リ　ム：僕は中国人だから漢字を書くのは簡単だけど、読むのはむずかしくて、いつもまちがえてばかりいるんです。

ケント：どうしてですか。

リ　ム：中国語の読み方と違うし、音読みとかくん読みとか読み方がいろいろあるからです。

ケント：えっ、読み方がいろいろあるんですか。

2

　先週の土曜日、ホーさんは黒田さんに誘われて、黒田さんの友達の家に一緒に遊びに行った。郊外で、家の回りに畑や田んぼがあり、遠くに竹林が見える。農家の門の前に野菜の箱がいくつか置いてあった。それぞれの箱に野菜の値段が書いてある。お金を入れる缶もある。黒田さんは、たけのことたまねぎを買うことにした。ホーさんは、誰もいないところに野菜やお金が置いてあるので驚いた。

黒　　田：あ、こんなところで野菜（を）売って（い）る。

ホ　ー：本当だ。

黒　　田：ちょっと買って帰ろう。

ホ　ー：でも誰もいませんね。家の人を呼ぶんですか。

黒　　田：ああ、お金はこの缶に入れておくんだよ。

ホ　ー：盗まれませんか。

黒　　田：大丈夫だよ。

ホ　ー：信じられませんね。私の国じゃ絶対盗まれちゃいますよ。

黒　　田：日本じゃお金やさいふが落ちていたら、警察に届けるよ。

ホ　ー：他の国じゃ、拾ったものは自分のものにしますね。

文法

1．受身形 （被動態）

動詞れる・られる形用於被動態。

1）"（人）を＋動詞"　→　"（人）が＋動詞れる・られる"

　　當主動句中的他動詞的受詞是人（們）時，即："（人）を＋動詞"，此

句子能藉由放置此"（人）"當主詞而將此句子變爲被動句。

助詞"に"用於表明動作主。

此動作主不能是"私（達）"。

主動態	被動態
（人1）が（人2）を動詞	（人2）が（人1）に動詞れる・られる
先生がリムさんをほめた。	リムさんが先生にほめられた。
私（達）がリムさんをほめた。	不適用
黒田さんがホーさんを誘った。	ホーさんが黒田さんに誘われた。

2) "（人）に動詞" → "（人）が動詞れる・られる"

"（人）に言う"，"（人）に聞く"，"（人）に頼む"，"（人）に相談する"，"（人）に注意する"和"（人）に話しかける"能藉由放置此"（人）"當主詞而將此句子變爲被動句。

助詞"に"用於表明動作主。

再次言明：此動作主不能是"私（達）"。

主動態	被動態
（人1）が（人2）に動詞	（人2）が（人1）に動詞れる・られる
先生がリムさんに言った。	リムさんが先生に言われた。
私（達）がリムさんに言った。	不適用

"……を"爲他動詞的受格助詞，在被動中仍未改變。

例：リンさんが田中さんに時間を聞いた。

→　田中さんがリンさんに時間を聞かれた。

3) "（もの／こと）を＋動詞" → "（もの／こと）が＋動詞れる・られる"

當主動句的他動詞的受詞不是人（們）的場合，只是（a）在聚焦於此受詞時，且（b）主詞（人）是輔助信息或在文意中不需被指定，此句子能夠轉成被動態。

主動態	被動態
（物／事）を動詞	（物／事）が動詞れる・られる
（国民が）英語を使っている。	英語が使われている。
（だれかが）お金を盗む。	お金が盗まれる。
千年前にこれを書いた。	千年前にこれが書かれた。

2. **動詞基本形＋ことができる** （能〜／能做〜）

　　1）此型態用於文語日語，而它的意義等同於可能形。

　　　　例：読むことができる（文語）　＝　　読める（文語／口語）

　　2）當使用兩個或更多動詞時，此型態也用於口語句。

　　　　例：まだ読むことも書くこともできないんです。

その他

1. **動詞「違う」（不同）：相反詞＝"同じ"**

　　"……と違う"意爲"與〜不同"。

　　例：（漢字が）中国語の読み方と違う。

　　比較：AとB（と）が違う。（A和B彼此不同。）

　　　　　AとB（と）が同じ。（A和B相同）

2. 〔口語日語〕

　　（名詞）とか（名詞）とか　＝　（名詞）や（名詞）など

　　例：音読みとかくん読みとか読み方がいろいろあるからです。

　　"とか"也能與子句使用。（參考第46課その他1）

漢字 （△：只要唸）

	音読み	訓読み	意味	言葉
曜				
黒				
田				
遠				
林				
門				
野				
菜				
売				
落△				
民				
英				

言葉	読み方	品詞	意味
文章と会話 1			
間違える	まちがえる	動詞	弄錯
ほめる		動詞	稱讚
ケント		固有名詞	肯特（人名）
点	てん	名詞	分／分數
すごい		い-形容詞	不得了的／驚人的
音読み	おんよみ	名詞	音讀
くん読み	くんよみ	名詞	訓讀
～とか～		助詞	或，等
文章と会話 2			
ホー		固有名詞	何（人名）
黒田	くろだ	固有名詞	黒田（人名）
郊外	こうがい	名詞	郊外
畑	はたけ	名詞	旱田
田んぼ	たんぼ	名詞	田地
遠く	とおく	名詞	（長）距離／遠方
竹林	ちくりん	名詞	竹林
農家	のうか	名詞	農家
門	もん	名詞	門
野菜	やさい	名詞	蔬菜
いくつか		名詞	一些／一點
それぞれ		名詞	各自
値段	ねだん	名詞	價格
缶	かん	名詞	罐
たまねぎ		名詞	洋蔥
盗む	ぬすむ	動詞	偷
信じる	しんじる	動詞	相信

さいふ		名詞	錢袋／錢包
落ちる	おちる	動詞	掉
警察	けいさつ	名詞	警察
届ける	とどける	動詞	報案／案
拾う	ひろう	動詞	拾獲

文法

受身	うけみ	名詞	被動（態）
注意する	ちゅういする	動詞	警告，提醒，勧告
国民	こくみん	名詞	國民

159

第45課

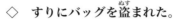

◇　すりにバッグを盗まれた。

文章と会話

　吉田さんは海外旅行中に、すりにバッグを盗まれた。バッグにはさいふが

入っていたが、現金はあまり入っていなかった。しかしクレジットカードが2

枚入っていたので、すぐに警察とカード会社に連絡をした。吉田さんが警察に

電話で話をしたら、警察署に来るようにと言われた。吉田さんは警察署に行っ

て、報告をしなければならなかった。警官は現場を調べないらしい。

加　藤：お帰りなさい。旅行、どうだった

吉　田：楽しかったけど、さいふの入って（い）るバッグをとられちゃったの
　　　　よ。

加　藤：どこでとられたの？

吉　田：夜、ホテルの近くを歩いて（い）たら、急にバイクの音が近づいてき
　　　　て、気が付いたらバッグがなくなって（い）たの。

加　藤：へえ。危ないところなんだね。

吉　田：ふだんは安全なところなんだけど、暗かったから。
　　　　運が悪かったわ。

加　藤：たくさん入って（い）たの？

吉　田：現金は大したことないけど、カードが入って（い）たの。

メール
安田様

先日、シンポジウムに出席したときは大変お世話になり、ありがとうございました。おかげさまで、多くの方の意見を聞くことができました。

シンポジウムの後、二日間奈良と京都の観光をしました。
奈良では大仏や世界遺産の法隆寺などを見て、京都ではお寺のほかに祇園の町も見物して楽しみました。
私は日本の古い建築や、日本庭園が大好きです。ホテルに帰る途中、雨に降られましたが、雨にぬれたあじさいがとてもきれいでした。

明日は帰国します。大阪で一緒に写した写真を3枚添付します。

まだ梅雨が続くと思いますが、どうぞお体を大切に。

パク

文法
迷惑受身（被動態-不便）：由某人造成的不愉快經驗的表現。迷惑（不便）被動由動詞れる・られる-形構成。

1) 本迷惑（不便）被動的主詞是由不受歡迎經驗的人。
2) 當未被變爲迷惑被動時，主動句的受詞和其他元素仍未被改變。
3) 助詞"に"用於表明動作主，換言之，此動作主將被責備。

	感覺	例
主動句	中立	（すりが）バッグを盗んだ。
被動（參考第44課）	中立	（すりに）バッグが盗まれた。
迷惑（不便）被動	不愉快	（すりに）バッグを盗まれた。

4) 不及物／自動詞也可用於迷惑（不便）被動。

　　例：どろぼうに入られた。　←　どろぼうが入った。

5) 特殊例子“雨が降る”當此人不喜歡這場雨時，能變成迷惑（不便）被動。

　　雨に降られる　←　雨が降る

註：

1) 迷惑（不便）被動的句子似乎是令人不悅的。在此階段記住“盗む／とる”，“（足を）踏む”，“壊す”，“汚す”和“言う”爲迷惑（不便）被動的常用動詞，但除非此動作主是陌生人，否則避免使用迷惑（不便）被動。

2) 下列句子雖句型是“（もの／こと）を＋動詞れる・られる”（參考第44課文法1（2）），但不是迷惑（不便）被動。

　　例：お礼を言われる。　←　お礼を言う。
　　　　歌をほめられる。　←　歌をほめる。
　　　　道を聞かれる。　←　道を聞く。

その他

1．（物が）入る　（儲存）

　　例：さいふが入る／入っている

　　比較：（人／動物が）入る（進入）

2．〔文語日語〕

　　“多くの”用於名詞修飾語，即：“多くの＋（名詞）”

　　例：多くの方

3．此郵件（e-mail）格式與郵寄郵件不同。

漢字 （△：只要唸）

	音読み	訓読み	意味	言葉
枚△				
連△				
絡△				
歩				
暗				
様△				
都				
光				
寺△				
町				
世				
界				
写				
真				
歌				

言葉	読み方	品詞	意味
文章と会話1			
海外	かいがい	名詞	海外
クレジットカード		名詞	信用卡
警察署	けいさつしょ	名詞	警察局
警官	けいかん	名詞	警察
現場	げんば	名詞	現場
加藤	かとう	固有名詞	加藤（人名）
とる		動詞	偷取
バイク		名詞	摩托車
近づく	ちかづく	動詞	接近，靠近
気が付く	きがつく	動詞	發覺
なくなる		動詞	不見，消失，遺失
危ない	あぶない	い-形容詞	危險
安全	あんぜん	な-形容詞	安全
運	うん	名詞	運氣
大したことない	たいしたことない		不是很多／大的事
メール		名詞	郵件、電子郵件
安田	やすだ	固有名詞	安田（人名）
先日	せんじつ	名詞	前幾天
シンポジウム		名詞	研討會
出席（する）	しゅっせき（する）	名詞	出席
おかげさまで			托（您的）福
多くの	おおくの		很多的
意見	いけん	名詞	意見
奈良	なら	固有名詞	奈良（地名）
大仏	だいぶつ	固有名詞	大佛
世界	せかい	名詞	世界

遺産	いさん	名詞	遺産
法隆寺	ほうりゅうじ	固有名詞	法隆寺
寺	てら	名詞	寺院
祇園	ぎおん	固有名詞	祇園（地名）
見物（する）	けんぶつ（する）	名詞	參觀
建築	けんちく	名詞	建築
庭園	ていえん	名詞	庭園
途中	とちゅう	名詞	半途／途中
ぬれる		動詞	淋濕
あじさい		名詞	紫陽花
添付（する）	てんぷ（する）	名詞	附件
大切	たいせつ	な-形容詞	重要的
パク		固有名詞	朴（人名）

文法

踏む	ふむ	動詞	踏
壊す	こわす	動詞	弄壞
汚す	よごす	動詞	弄髒

第46課

◇ 野菜を食べろとか、運動をしろとか言われたよ。

◇ 酒を飲み過ぎるなと言われた。

◇ 早く来いよ。

文章と会話

1

　青木さんと山田さんは居酒屋にいる。二人とも独身なので、よく一緒に酒を飲む。今日は会社で健康診断の結果をもらって、あまりうれしくなかったので、酒でも飲むことにしたのだ。うれしいときも、うれしくないときも二人は一緒に飲みながら話をする。

青　木：健康診断の結果はどうだった？

山　田：ちょっと血圧が高いって言われた。

青　木：何か注意されなかった？

山　田：もっと野菜を食べろとか、運動をしろとか言われたよ。

青　木：僕も同じことを言われた。

山　田：それから酒を飲み過ぎるなとも言われた。

青　木：困ったね。

山　田：困ったよ。

2

　けい君とりょう君は時どきけんかをするが、とても仲が良い。今日はテニスの試合がある。二人はりょう君の家で待ち合わせをして一緒に行く約束をした。けい君は約束の8時に来たが、りょう君はまだしたくが終わっていない。けい君はりょう君に早く来るように言った。そして、以前にけい君はラケットを忘れて父親に持ってきてもらったことがあるので、りょう君に忘れないようにと言った。

け　い：早く来いよ。

りょう：ちょっと待ってよ。

け　い：バス、来ちゃうよ。

りょう：すぐ行くから。

け　い：あと3分待って（い）てやる。

りょう：分かった。

け　い：ラケット（を）忘れんなよ。

りょう：もう、持ったよ。

文法

1．禁止形と命令形 （禁止形和命令形）

参考下表禁止形和命令形。

1）變化規則

	形	G-1よむ	G-2でる	くる	する
-a	れる・られる形	よ<u>ま</u>れる	でられる	こられる	される
-i	名詞形	よ<u>み</u>	で	き	し
-u	**禁止形**	よ<u>む</u>な	でるな	くるな	するな
-e	**命令形**	よ<u>め</u>	でろ	こい	しろ
-o					

A. 禁止形

基本形＋な

B. 命令形

G-1動詞：使用活用行的第四段

G-2動詞：語幹＋ろ　　（例外：くれる→くれ）

くる→こい　　する→しろ

2）用法

A. 句子最後

● 用於男性無禮的命令

● 交通號誌

例：止まれ

スピード落とせ

● 緊急

例：にげろ

B. 動詞命令形／禁止形＋よ

例：早く来いよ。

忘(わす)れるなよ。

用於男性對親近朋友或家人。

女性使用 "動詞-て＋よ"。（參考第23課その他3）

例：早く来てよ。

C. 間接引用

動詞命令形／動詞禁止形＋と言う　　（告訴某人做／不做）

例：もっと野菜(さい)を食べろと言われた。

酒(さけ)を飲み過(す)ぎるなと言われた。

註：此句型比 "……ように（と）言う" 更隨意。（參考第34課）

その他

1．〔口語日語〕

……とか、……とか言う　　（説～，～等）

例：もっと野菜(さい)を食べろとか、運動をしろとか言われたよ。

2．それから　　（還有／並且）

例：それから酒(さけ)を飲み過(す)ぎるなとも言われた。

3．〔口語日語〕

G-2動詞的禁止形 "……るな" 變成 "……んな" 為隨意的會話。

例：忘(わす)れるなよ　→　忘(わす)れんなよ

漢字（△：只要唸）

	音読み	訓読み	意味	言葉
青				
注				
高				
低				
以				
忘△				

言葉	読み方	品詞	意味
文章と会話1			
青木	あおき	固有名詞	青木（人名）
居酒屋	いざかや	名詞	日式酒吧
独身	どくしん	名詞	單身／獨身
結果	けっか	名詞	結果
文章と会話2			
けんか		名詞	吵架・打架
待ち合わせ	まちあわせ	名詞	會合
したく		名詞	準備
以前	いぜん	名詞	以前
父親	ちちおや	名詞	父親
文法			
禁止	きんし	名詞	禁止
命令	めいれい	名詞	命令
止まる	とまる	動詞	停止
落とす	おとす	動詞	打落
にげる		動詞	逃走

第47課

◇ やらせてください。
◇ ちょうど半分できたところです。
◇ 子どもに手伝わせます。

文章と会話

1

　市民サークル「野鳥の会」はできたばかりで、まだウェブサイトがない。会長はホーム・ページを作りたいので、ミーティングを行ない担当を決めることにした。

会　長：ホーム・ページを作るので、担当を決めたいと思います。まず、やりたい人はいますか。

広　田：はい、やらせてください。

会　長：はい、じゃ、お願いします。他には？

広　田：リンさん、写真やイラストがとくいだから手伝ってくれませんか。

リ　ン：はい、喜んで。

会　長：じゃ、広田さんとリンさん、お願いします。他に決めておきたいことはありますか。

広　田：来週、武蔵野の森に行くので、だれか記事を書いてくれませんか。

佐　藤：じゃ、私がリンさんと一緒に記事を作ります。

会　長：じゃ、今日はこれで終わりましょう。来週は現地集合です。初めて行
　　　　く人はインターネットで調べておいて下さい。お疲れ様でした。

2

　　春山さんは自宅で手芸を教えている。今日はクラスがお休みで、秋川さんが
訪ねて来た。リビングには小さな人形がたくさん置いてあった。春山さんは、
毎年いろいろなものを作って幼稚園のバザーで売っている。去年はクッション
を作った。今年は古い着物を利用して日本人形を作っている。

秋　　川：うわあ、お人形がたくさんありますね。

春　　山：すごいでしょう。

秋川：こんなに作ってどうするんですか。

春　　山：バザーで売って、そのお金を寄付するんです。

秋　　川：いつものボランティアですね。まだまだあるんですか。

春　　山：今ちょうど半分できたところです。あと50個作らなきゃいけなんで
　　　　す。

秋　　川：手伝いましょうか。

春　　山：いいんです。子どもに手伝わせますから。

秋　　川：バザーはいつなんですか。

春　　山：5月の連休なんだけど、まだ何日か決まっていなんです。

秋　　川：じゃ、決まったら知らせて下さい。またうちの店にポスターをはって
　　　　あげます。

文法

1. **使役動詞　動詞せる・させる-形**（使役動詞）

　　1）せる・させる-形的變化規則

　　　比較れる・られる-形：

	形	G-1しる	G-2たべる	くる	する
-a	れる・られる-形	やら<u>れる</u>	たべ<u>られる</u>	<u>こられる</u>	<u>される</u>
	せる・させる-形	やら<u>せる</u>	たべ<u>させる</u>	<u>こさせる</u>	<u>させる</u>

　　　A. G-1動詞

　　　　使用活用行的第一段加"せる"。

　　　　例：やる　→　やら<u>せる</u>（"ら"是ら行"らりるれろ"之第1段）

　　　B. G-2動詞

　　　　加"させる"到語幹。

　　　　例：食べる　→　食べ<u>させる</u>

　　　C. くる　→　こさせるする　→　させる

　　2）せる・させる形如同"やらせる"相對於原形動詞"やる（做）"，它
　　　是不同的動詞。正如它有完整詞形變化，而被稱爲使役動詞。使役動詞
　　　是G-2動詞就不論其原形動詞。

ない-形	やら<u>せない</u>
ます-形	やら<u>せます</u>
基本-形	やら<u>せる</u>
假定-形	やら<u>せれば</u>
意志-形	やら<u>せよう</u>
て-形	やら<u>せて</u>

3) 用法1："請讓我／我們做～"

（私／私達に）……（さ）せて下さい

例：やらせて下さい。

4) 用法2：使／讓某人～

註：此用法聽起來似乎高傲的，且最好用"（人）に動詞てもらう"（參考第38課文法2）取代之，除非"（人）"是小孩或相當底下的人（們）。

A. （人）に動詞せる・させる

（人≠私／私達）

動詞	使／讓某人～
話す	（人）に話させる
しゃべる	（人）にしゃべらせる
聞く	（人）に聞かせる
質問する	（人）に質問させる
答える	（人）に答えさせる
其他他動詞	（人）に……（さ）せる

要指定／強調"爲某人之做"之意，用此句型"（人）に……（さ）せてあげる／くれる"。

例：子どもに（これを）やらせてあげる。

B. （人）を／に動詞せる・させる

（人≠私／私達）

動詞	使某人～	讓某人～*
行く、来る 座る、立つ 入る、帰る 更多的自動詞	（人）を……（さ）せる	（人）に……（さ）せる

　　　　＊）“（人）に……（さ）せてあげる”常用於（讓某人做～）。

5）用法3：使某人～

　　（人≠私／私達）

無意志動詞	使某人～
怒る	（人）を怒らせる
喜ぶ	（人）を喜ばせる
笑う	（人）を笑わせる
泣く	（人）を泣かせる
悲しむ	（人）を悲しませる

2．動詞た＋ところ（だ）　　（剛做了～）

　　例：半分できたところです。

　　“……たところ（だ）”也許會搭配“いま”和／或“ちょうど”，而
　　“……たばかり（だ）”（参考第35課文法4），能用於其他時間修飾語詞
　　像“今日”，“この間”和“先週”。

その他

動詞て＋くれませんか：比“動詞て＋下さいませんか”更隨意。

　　例：手伝ってくれませんか。　　vs.　手伝って下さいませんか。

漢字 （△：只要唸）

	音読み	訓読み	意味	言葉
鳥				
広				
森				
集				
初△				
質				
答				
座△				
走				
泳△				

言葉	読み方	品詞	意味
文章と会話1			
市民	しみん	名詞	市民
サークル		名詞	團體，圈子
野鳥	やちょう	名詞	野鳥
ウェブサイト		名詞	網站
会長	かいちょう	名詞	會長，董事長
ホーム・ページ		名詞	網頁
ミーティング		名詞	會議
行なう	おこなう	動詞	實踐／執行
広田	ひろた	固有名詞	廣田（人名）
イラスト		名詞	插圖
喜んで	よろこんで	副詞	高興／樂意地
武蔵野の森	むさしののもり	固有名詞	武藏野之森（地名）
だれか			某人
記事	きじ	名詞	報導／郵件
現地	げんち	名詞	現場
集合	しゅうごう	名詞	集合
インターネット		名詞	網路
お疲れ様	おつかれさま		辛苦了
文章と会話2			
春山	はるやま	固有名詞	春山（人名）
自宅	じたく	名詞	自己的家
手芸	しゅげい	名詞	手藝
秋川	あきかわ	固有名詞	秋川（人名）
訪ねる	たずねる	動詞	訪問
リビング		名詞	客廳
人形	にんぎょう	名詞	玩偶

バザー		名詞	義賣會
クッション		名詞	墊子
着物	きもの	名詞	和服
利用する	りようする	動詞	利用／應用，採用
寄付	きふ	名詞	捐
〜ところ			剛做完〜的時候
あと〜			再〜
ポスター		名詞	海報
はる		動詞	黏貼，糊，張貼

文法

使役	しえき	名詞	使役
笑う	わらう	動詞	笑／微笑
泣く	なく	動詞	哭泣
悲しむ	かなしむ	動詞	悲傷

第48課

◇ ニュースはごらんになりましたか。

◇ パソコンはお使いになりますか。

◇ からいものがお好きなんですか。

◇ 混んでいて待たされる。

文章と会話

1

今朝九州で大きな地震があった。九州には日本語教師坂本さんの家族がいる。幸い、坂本さんの家に被害はなかった。授業のとき、留学生のメリーさんが心配してくれた。

日本は地震が多い。去年メリーさんが東京に行ったとき、地震があった。そのときは、たなから物が落ちたり、花びんがたおれてわれたりした。メリーさんは初めて経験したので、こわかった。

メリー：先生、九州で地震がありましたね。ニュースはごらんになりましたか。

教　師：ええ、びっくりしました。

メリー：先生のご出身は九州でしょう。

教　師：ええ。心配して娘に電話したら、かなりゆれたらしいけど、うちは大丈夫でした。

メリー：良かったですね。地震_{しん}は本当にこわいですね。

教　師：今日は予定_{てい}を変更_{こう}して災害_{さいがい}のことを話しましょう。

メリー：パソコンはお使いになりますか。

教　師：ええ。防災_{ぼうさい}についての写真_{しゃしん}や動画_{りょう}を持ってきたので。地震_{しん}はいつ起き
　　　　るか分かりませんからね。

2

　　鈴木_{すず}さんは、日本で定年退職_{ていたいしょく}してからシンガポールに来て、大学で日本語の
講師_{こうし}をしている。

　　今日は授業_{じゅ}が終わり、学生たちに誘_{さそ}われて、近くのフード・コートに来てい
る。フード・コートにはマレー料理_{りょうり}やインド料理_{りょうり}など、なんでもある。鈴木_{すず}さ
んは現地の食べ物が大好きで、和食_わはあまり食べない。

クマー：先生は何になさいますか。

鈴_{すず}　木：そうですね。フィッシュ・ヘッド・カレーにします。

クマー：先生はからいものがお好きなんですか。

鈴　木：大好きです。

クマー：じゃ、カレーはよくめし上がるんですか。

鈴　木：しょっちゅう食べて（い）ます。

クマー：Rホテルのカレーもおいしいですよ。ご存知_{ぞん}ですか。

鈴　木：知って（い）ます。でも、あそこはいつも混_こんで（い）て待たされる
　　　　から、あまり行きません。

文法

1. 敬語 尊敬語（1）　（尊敬表現　参考第21課文法2）

1）動詞尊敬語形

　　尊敬語形在此介紹，它用於正式情況或更上位的人或長者。（比較"……れる／られる"）

A. お＋動詞名詞形＋に　なる

　　例：お使いになる。

B. 例外

	尊敬語形	註
行く	いらっしゃる	参考第11課
来る	いらっしゃる	参考第11課
いる	いらっしゃる	参考第8課
言う	おっしゃる	参考第5課
する	なさる	G-1（らいるれろ）
見る	ごらんになる	
寝る	お休みになる	
食べる	めし上がる	
飲む	めし上がる	
くれる	くださる	G-1（らいるれろ）
知っている	ご存知だ	ご存知：名詞
知らない	ご存知（じゃ）ない	

2）形容詞：當該字涉及聽者／上位的人時，"お"會加在某形容詞上。

　　忙しい　　→　お忙しい

　　ひま　　　→　おひま

182

好き　　　　→　　お好き

上手　　　　→　　お上手

いい　　　　→　　よろしい（主要用於疑問句的結尾。例："よろしいで

すか"。參考第21課その他2）

3）名詞：A）"お"或B）"ご"都可加。（參考第21課文法5）

A. うち　　→　　おうち　　　　体　　　　→　　お体

　　仕事　　→　　お仕事　　　　国　　　　→　　お国

　　名前　　→　　お名前　　　　電話番号 → 　お電話番号

B. 両親　　→　　ご両親　　　　家族　　　→　　ご家族

　　病気　　→　　ご病気　　　　職業　　　→　　ご職業

　　住所　　→　　ご住所　　　　旅行　　　→　　ご旅行

在此階段僅適當使用"お／ご"於上列名詞。

2．お＋動詞名詞形＋になってください：尊敬的建議

"お……になって下さい"與お＋動詞名詞形＋ください（參考第21課文法

3）相同，而後者更常用。

例：お待ちになって下さい。　＝　お待ちください。

3．使役被動　動詞される・させられる形　（使役動詞的被動形）

1）される・させられる-形的被動變化規則

　　A. G-1動詞

　　　　使用活用行的第一段加"される"。

　　　　例：待つ → 待たされる（"た"是た行"たちつてと"之第一段）

　　B. G-2動詞，"来る"和"する"

　　　　加"られる"到使役動詞的語幹

基本形	答える	来る	する
使役動詞	答えさせる	来させる	させる
使役動詞的被動	答えさせ<u>られる</u>	来させ<u>られる</u>	させ<u>られる</u>

2) される・させられる形如同"待たされる"相對於原形動詞"待つ"，
它是不同的動詞且它是G-2動詞就不論其原形動詞。其所有變化如下：

ない形	待たされ<u>ない</u>
ます形	待たされ<u>ます</u>
基本形	待たされ<u>る</u>
假定形	待たされ<u>れば</u>
推量形	待たされ<u>よう</u>
て-形	待たされ<u>て</u>

3) 用法：（人）に動詞される・させられる（被某人所迫勉強去做某事。）

（人≠私／私達）

例：待たされる。

比較：待たなければならない。（參考第26課文法2）

漢字 （△：只要唸）

	音読み	訓読み	意味	言葉
師△				
娘△				
去				
定△				
授△				
理				
職△				
和△				
両△				
存△				

言葉	読み方	品詞	意味
文章と会話1			
地震	じしん	名詞	地震
幸い	さいわい	副詞	所幸，幸好，還好
被害	ひがい	名詞	受害
花びん	かびん	名詞	花瓶
たおれる		動詞	倒下
われる		動詞	破，裂
娘	むすめ	名詞	女兒
かなり		副詞	相當
ゆれる		動詞	搖晃
変更（する）	へんこう（する）	名詞	變更
災害	さいがい	名詞	災害
防災	ぼうさい	名詞	防災
動画	どうが	名詞	動畫
起きる	おきる	動詞	發生
文章と会話2			
定年	ていねん	名詞	屆齡退休
退職（する）	たいしょく（する）	名詞	離職，辭職
講師	こうし	名詞	講師
フード・コート		名詞	美食街，飲食區
マレー		固有名詞	馬來西亞
インド		固有名詞	印度
クマー		固有名詞	庫瑪（人名）
フィッシュ・ヘッド		名詞	魚頭
しょっちゅう		副詞	時常
ご存知だ／です	ごぞんじだ／です		知道的尊敬語常體／敬體

第49課

◇ どんなものを**食**べていらっしゃるんですか。

◇ それが**頭**をよくするんです。

◇ できるだけ**食**べるようにします。

文章と会話

1

　日本人は第二次世界大戦までは毎日米や魚を食べていた。しかし戦後（1945年以降）はアメリカなどの影響を受けてパンや肉もよく食べるようになった。今では魚より肉のほうが好きな人が多い。魚には健康に良いものが多く含まれているので、できるだけ食べたほうがいいと言われている。

社　　員：社長、いつもどんなものを食べていらっしゃるんですか。

社　　長：毎日魚を食べて（い）ますよ。

社　　員：毎日ですか。

社　　長：うん、魚を食べると頭がよくなるんですよ。

社　　員：ええっ、本当ですか、どうしてですか。

社　　長：魚にはDHAっていう成分が含まれて（い）て、それが頭をよくするんです。君も食べたほうがいいですよ。

社　　員：そうですね。じゃ、今日からできるだけ食べるようにします。

社　　長：それから、よくかんだ方がいいですよ。

2

ツアー・ガイドが客に指示している。

「皆さん、静かにして下さい。よく聞いてください。

これから博物館に入ります。入場券は一人ずつ持ってください。全部回ったら最後にこの券でお茶がもらえますから、なくさないようにして下さい。

4時半までにバスに戻って下さい。この後ディナー・クルーズがありますから、絶対遅れないようにして下さい。」

文法

1. 敬語　尊敬語（2）

下列A和B型態的尊敬語形能夠透過改變每個型態的補助動詞，例如"いる"，"いく"等而成爲尊敬語形。主要動詞除被要求極端尊敬外，不需要變爲尊敬語形。

A. 動詞て　＋　いる／いく／くる／みる／くれる

B. 動詞名詞形に　＋　行く／来る

例：

		尊敬語形
A.	食べている	食べていらっしゃる
	持っていく	持っていらっしゃる
	着てみる	着てごらんになる
	教えてくれる	教えてくださる
B.	買いに行く	買いにいらっしゃる

2．動詞「する」：使其改變的表達。（比較"なる"第22課文法4）

例：それが頭をよくするんです。

連接"する"的句型

	例
い-形容詞→（語幹）　＋　く	涼しくする よくする
な-形容詞 ⎫ 名詞　　⎬　＋　に	静かにする マナー・モードにする
動詞基本形　＋　ように	食べるようにする
否定形　＋　ように	遅刻しないようにする

"する"也暗示努力於某事。

例：忘れないようにします。

189

比起"……て／ないでください"來，"……ようにしてください"似乎較

不直截了當。

例：1) 野菜を食べるようにして下さい。VS.　野菜を食べて下さい。

　　2) 遅れないようにして下さい。　　VS.　遅れないで下さい。

その他

……っていう　（所謂／叫做～）

〔文語＆口語〕

　　……という……（文語）　→　……っていう……（口語）

　　例：DHAという成分　→　DHAっていう成分

　　例外：何という　　　→　何ていう

漢字 （△：只要唸）

	音読み	訓読み	意味	言葉
頭				
第△				
魚				
肉				
静△				

言葉	読み方	品詞	意味
文章と会話1			
第二次世界大戦	だいにじせかいたいせん	名詞	第二次世界大戦
戦後	せんご	名詞	戰後
～以降	～いこう		～以後
含む	ふくむ	動詞	包含
できるだけ			盡可能
社長	しゃちょう	名詞	社長，老闆，公司總經理
ＤＨＡ	ディーエイッチエー	名詞	DHA，二十二碳六烯酸
～っていう（＞～という）			叫做／名爲～
成分	せいぶん	名詞	配料／成分
君	きみ	代名詞	你
かむ		動詞	咬
文章と会話2			
ツアー・ガイド		名詞	導遊
指示	しじ	名詞	指示
皆（さん）	みな（さん）	名詞	大家
博物館	はくぶつかん	名詞	博物館
入場券	にゅうじょうけん	名詞	入場券
～ずつ		助詞	每～
回る	まわる	動詞	繞
なくす		動詞	弄丟
ディナー・クルーズ		名詞	在船上吃晚餐的旅遊
絶対	ぜったい	名詞　副詞	絕對
文法			
マナー・モード		名詞	（手機）靜音／靜音模式
遅刻（する）	ちこく（する）	名詞	遲到

第50課

◇ 明日の午後お返しします。

◇ 自分で作ればいいのに。

◇ 中村課長に手伝ってもらえばよかったのに。

◇ 一つ作っているところです。

◇ これから作るところです。

文章と会話

1

学生は、ユニークなソフトウェアを作りたいと思って毎日朝から晩まで研究している。しかしなかなかいいものが作れず、何度も失敗している。教授が良いソフトをたくさん作っているので、参考にしたいと思って時々貸してもらっている。

学　生：先生、この前お借りしたソフトをお返ししに来ました。

教　授：じゃ、もとの場所にしまっといて下さい。

学　生：はい。今日はこのソフトをお借りしてもよろしいですか。

教　授：ああ、いいですよ。でも、あさってまでには返してくれますか。

学　生：はい、明日の午後お返しします。

教　授：君はソフトのコピーばかりして（い）ますね。

学　生：すいません。

教　授：たまには自分で作ればいいのに。

学　生：はい、今一つ作っているところです。できたら先生にもさしあげます。

教　授：この前もそんなことを言って（い）ましたね。

学　生：この前のは失敗してしまったんです。今度のは絶対成功します。

2

　部長は自分が開発した新製品に自信があるので、販売報告書を林さんに作らせて、会議で報告するつもりだ。

　林さんは全国の支店から詳しいデータを集めていた。ようやく全部集まったので、報告書を作ろうとしていた。部長は早く見たかった。

部　長：林君、月曜日の会議に使う報告書はできて（い）ますか。

林　　：これから作るところです。

部　長：えっ、まだなんですか。

林　　：データを集めるのが大変だったんです。やっと全部集まったんです。

部　長：中村課長に手伝ってもらえばよかったのに。

林　　：中村課長にも手伝っていただきました。

部　長：とにかく、できたらすぐ見せてくれますか。

林　　：はい、急いでやります。

文法

1．敬語　謙譲語　（謙譲表現）

　1）動詞謙譲語形

　　　A. お＋動詞名詞形＋する　　　（お……する）

　　　　例：お借りする。

B. 例外

	謙讓語形	尊敬語形（參考第48課）
行く	まいる*（參考第11課）	いらっしゃる
来る	まいる*（參考第11課）	いらっしゃる
いる	おる*（參考第8課）	いらっしゃる
言う	申す／申し上げる	おっしゃる
する	いたす*	なさる
見る	拝見する	ごらんになる
寝る	不適用	お休みになる
食べる	いただく	めし上がる
飲む	いただく	めし上がる
もらう	いただく	おもらいになる（參考A）
あげる	さしあげる	おあげになる（參考A）
くれる	不適用	くださる
知っている	參考（2）存じている 知っております	ご存知だ
知らない	存じません	ご存知（じゃ）ない

*）至於動詞 "まいる"，"おる"和"いたす"，僅用於ます-形。

謙讓形主要用於說話者爲聽者或上位者執行的動作。

反之，不用謙讓語。

例：a）お借りする　　　　（從聽者／上位者借入）

　　　借りる　　　　　　（從某人／在某地借入）

　　b）お手紙を拝見する（讀一封來自聽者／上位者來的信）

テレビを見る　　（看與聽者／上位者無關的電視節目）

2) 下列A和B型態的謙讓語形能夠透過改變關連聽者／上位者的前面動詞或
後面動詞而成爲謙讓形。

A. 動詞て　＋　いる／いく／くる／もらう

B. 動詞名詞形に　＋　行く／来る

例：　　　　　　　　　　　　　　（不使用括弧內的字）

		謙讓語形
A	知っている	存じている 知っております（＞知っておる）
	借りていく／くる	お借りしていく／くる 借りてまいります（＞借りてまいる）
	教えてもらう	教えていただく
B	持ってあげる	持ってさし上げる*
	返しに行く／来る	お返ししに行く／来る 返しにまいります（＞返しにまいる）

195

*）避免使用此型，要乾脆用謙讓形 "お……する"。

例：×　持ってさし上げます。

　　　○　お持ちします。

3) する動詞

する動詞的謙讓形要在字前加 "お" or "ご" 而成。"いたします" 用
於被要求極端尊敬的比較正式情境和服務業。參考下例：

	謙讓語形	極端尊敬
電話する	お電話する	お電話いたします
連絡する	ご連絡する	ご連絡いたします

説明する	ご説明する	ご説明いたします
案内_{あん}する	ご案内_{あん}する	ご案内_{あん}いたします
招待_{しょう}する	ご招待_{しょう}する	ご招待_{しょう}いたします

２．その他の敬語

参考第21課その他２。

３．動詞ば＋いいのに／よかったのに　（若～就好了）

"……ばいいのに／よかったのに"表達不同意聽者的現在／過去動作。

例：自分で作ればいいのに。

中村課長_{むらか}手伝ってもらえばよかったのに。

４．……ところ（だ）　（参考第47課）

1）動詞ている＋ところ（だ）　（正在做～）

例：今一つ作っているところです。

2）動詞基本形＋ところ（だ）　（即將做～）

例：これから作るところです。

その他

１．ようやく（文語）／やっと（口語）

"ようやく／やっと"用於某事終於證明說話者的滿意。反之，要用"つい
に（文語）／とうとう（口語）"。

例：ようやく全部集_{あつ}まった。

比較：とうとう犬_{いぬ}が死_しんでしまった。

漢字 （△：只要唸）

	音読み	訓読み	意味	言葉
課△				
研				
究				
品				
申△				
犬				
死				

言葉	読み方	品詞	意味
文章と会話1			
ユニーク		な-形容詞	獨特
ソフトウェア		名詞	軟體
研究	けんきゅう	名詞	研究／學習
何度も	なんども		好幾次
失敗（する）	しっぱい（する）	名詞	失敗
教授	きょうじゅ	名詞	教授
参考	さんこう	名詞	參考
もと		名詞	原本
しまう		動詞	儲存／保持／收起來
成功（する）	せいこう（する）	名詞	成功
文章と会話2			
開発	かいはつ	名詞	開發
販売	はんばい	名詞	銷售
全国	ぜんこく	名詞	全國
詳しい	くわしい	い-形容詞	詳細的
集める	あつめる	動詞	收集
ようやく		副詞	最後／到頭來／最終
文法			
謙譲	けんじょう	名詞	謙讓，謙遜
拝見（する）	はいけん（する）	動詞	拝見，看的謙讓語
さしあげる		動詞	給，給的謙讓語
存じる	ぞんじる	動詞	知道，知道的謙讓語
招待（する）	しょうたい（する）	名詞	邀請
ついに		副詞	終於／到頭來／最終
とうとう		副詞	終於／到頭來／最終

索　引

200

202

203

207

教師のために

　本書は教科書『老原海日本語（上）』（第1課〜第20課）に続くものなので、そこで学習した動詞等の活用をマスターしていることが前提となる。このシステムを把握していれば、本書で新たに導入される動詞の活用はいとも簡単に習得できる。また、日本語の構造は「必要な言葉＋述語」というただ一つの原則を知っているので、新たに導入される表現の習得も全く手間がかからない。

第21課

テーマ：動詞の「れる・られる形」と名詞形、及び日常的な敬語。

文章と会話

　ニューヨーク支社のリンさんと本社の山田さんとの会話は、特に親しくない人同士の話し方である。このように相手の年齢に拘わらず、互いが動詞「れる・られる形」を尊敬語として用いるのが一般的である。

　ホテルのスタッフのように、サービス産業では客に対してより改まった敬語（第48課〜第50課）を使うのが基本である。

文法

1．本課では表に示されている4つの新しい活用形を紹介するが、この課ではそのうち「れる・られる形」と名詞形について学習し、禁止形と命令形は第46課で学ぶ。

2．動詞「れる・られる形」は尊敬語として用いられる。これは日常よく使われるが、尊敬語には他により改まった表現「お……になる」（第48課文法1参照）がある。

　1）グループ２動詞と「来る」の「れる・られる形」は可能形と同じなの

で、どちらの意味になるかは状況から判断する。

　2）「れる・られる形」は動詞の活用形の一つではあるが、他の活用形と違い、それ自身新たな動詞G2動詞）となり活用変化をする。

　3）表に掲げた既習の「いらっしゃる」などは、改まった場面だけでなく日常にもよく使われる。

3．動詞の名詞形について

　1）動詞「ます-形」の「ます」を除いたものは名詞形と呼ばれる。

　2）名詞形を用いた「お……ください」は依頼ではなく勧めるときに使われる。なお表に示したように、名詞形が1音節の動詞は「お……ください」という形は作れない。

4．動詞「て-形」を用いた「……ていただけますか」は「……てください」より丁寧な依頼の表現である。

5．名詞に「お」や「ご」を付けて尊敬を表す。これは、今まで学習した「お水」や「おすし」に付けられた「お」と違い、聞き手に関係する物事や人に付けて尊敬を表現するものである。大まかなルールとしては、訓読みやひらがなで表す言葉には「お」を付け、音読みの言葉には「ご」を付けるが、例外が多いうえ付けないほうがよい言葉も多い。従ってこれはルールとして覚えず、その都度暗記するのがよい。

<u>その他</u>

1．「よかったら」は人に勧めるときによく使われる。なお、「……たら」については、第28課で学習する。

2．表に書かれている敬語は店やホテルで使われているので、聞き取れるようにしておくとよい。この段階では学習者は自分で使えなくてよい。

第22課

テーマ：経験の表現「……たことがある」、文の接続「……し、……」、変化
　　　　の表現「……くなる」、「……になる」及び理由を表す「……ので」
　　　　など。

文章と会話

横書きでも縦書きでも数字を漢字で書くことができる。

文法

1．「……たことがある」は経験を表す。「……たことはありますか」の問い
　　に否定で答えるときは、「んです型」で「……ないんです」と言うことが
　　多い。

2．既に学習した「……ようと思います」の主語は話し手に限られるが、
　　「……ようと思っている」の主語は話し手以外でもよい。

3．接続助詞「し」には「その上」というニュアンスが含まれているので、副
　　助詞「も」がよく用いられる。また「し」を使って文をつなぐと、そのあ
　　とに何らかの結論が続くことが多い。次の例文の括弧内は言外の結論であ
　　る。

　　例：

　　1）ペナンは海もきれいだし、物も安いですよ。（だからいいところです
　　　　よ。

　　2）私はスポーツも上手じゃないし、泳げないんです。（だから心配で
　　　　す。）

　　なお、「て形」を用いて文をつなぐ場合はそのような含みはない。

　　「……し、……」が丁寧体の文のとき、「し」の前の部分は普通体でもよ
　　い。

　　また、「……し、……」の形の文を二文で表現する場合、接続詞は「それ

に」となる。

4．動詞「なる」は変化を表す。表に示すように「……くなる」、「……にな
る」、「……ようになる」などと語句が接続される。

5．「……でしょう／だろう」は推量を表す。

1）「でしょう／だろう」は「です／だ」の推量形である。

2）な-形容詞や名詞だけでなく文末に付加して推量を表す。過去形にも付
加できる。

3）第18課で学習した「……んじゃないですか」が話し言葉であるのに
対し、「……でしょう／だろう」は話し言葉と書き言葉の両方に使え
る。

注：1）女性は会話で文末に「……だろう」は使わない。

　　2）「……だろうと思います」（第24課文法３参照）は丁寧になり、
「……でしょう」とほぼ同じ意味合いである。

6．理由を表す「……ので」は、第15課で学習した「……から」に比べて因果
関係が弱い。従って下記の例文を比べると、（2）は遅刻したことを正当
化しているように聞こえる。

例：

1）道が混んでいたので、遅刻しました。

2）道が混んでいたから、遅刻しました。

注：正式な文書では、「から」を使わず「ので」や「ために」を用いる。
また、「……ので、……」の形の文を二文で表現する場合、接続詞は
「それで」となる。

7．副助詞「だけ」は制限を示し、他にないことを表す。さらに強調したいと
きは「……しか……ない」（第9課参照）が使われる。

その他

1．助数詞「度」は数による子音の変化はない。

なお、経験の否定で「１回／度も……たことがない」のように使える。

2．動詞の名詞形はそれ自体が名詞となる。但し１音節になる場合は単独では

使われない。

3．「うーん」はポーズに使われるが、抑揚のある「ううん」は否定の返答

（「いいえ」）である。

第23課

テーマ：引用文、状況を知るための行為「……てみる」など。

文法

1. 「……ましょうか」は丁寧な申し出に用いる。相手の意向を確かめずに相手のために行なうときは「……ましょう」と言う。

2. 助詞「と」は引用を表す格助詞。

   「……と言う」は、話者以外が主語の場合は「……と言っていた」となることが多い。

   例：（松本さんが）古い雑誌だって言っていました。

3. 間接引用文は「（普通体）と……」の形をとる。

4. 横書きの場合、直接引用文には「」を用い、通常「」内の最後の句点は付けない。縦書きも指導すること。

   会話では、直接引用文か間接引用文か不明なことも多いので、誤解の可能性があるときは「（人）が／は」などは省略しない方が良い。

   例：田中さんが／は山田さんが／は行くって言った。

   なお、状況により当然分かる言葉は言わないのが日本語の習慣であることに変わりはない。

5. 「疑問詞＋か＋分かる／知る」

   「……分かりますか／知っていますか」の問いに否定で答えるときは「……分かりません／分からないんです」と答えたほうが丁寧な印象を与える。「……知りません」は状況によっては冷たい響きがあるので、注意が必要である。

   なお、動詞「わかる」の目的（対象）語には格助詞「が」を用いる。

   例：意味が分かる。（＝意味を知っている）

6. 「……てみる」は英語で「to do --to see--」と記してあるように、何かを

　行なってその結果をみるという含みがある。「聞いてみる」、「やってみ
　る」、「行ってみる」、「食べてみる」、「飲んでみる」などは日常的に
　よく使われるので慣れておくと良い。

7．動詞「要る」の目的（対象）語には格助詞「が」を用いる。

8．着用を表す動詞の場合、「……ている（人）」は会話では「た-形」を用い
　「……た（人）」と言う場合が多い。

その他

　書き言葉と話し言葉の違いを知らないと、日本人の話すことを聴き取るのが
難しい。従ってここでは、「……って言う」、「……ってます／ってる」など
耳を慣らす練習をすると良い。発話する時は、今の段階では書き言葉で話して
も良いが、次第に話し言葉で話せるよう指導すること。

　また、普通体で話すときは文末の「だ」、「か」は脱落する。

第24課

テーマ：比較の表現。同意・許可の表現「……て（も）いい」など。

<u>文法</u>

1. 二つの対象物や人の比較では「……と……と／のどちら」は述語との関係で格助詞が決まる。また、「……のほう」は名詞句なので、「です」を付けて簡単に答えても良い。

   例：

   1) 原宿と六本木とどちらに行きたいですか。

      原宿のほうです。

   2) パソコンとスマホとどちらをよく使いますか。

      パソコンのほうです。

2. 質問に答えるときは「……より」は明らかなので、通常は言わない。

3. 「……と思う」の主語は話者及び聞き手であるが、「……と思っている」の主語は誰でもよい。

4. 「……て（も）いい」は同意・許可を表す。

   通常、許可を求める場合は「……て（も）いいですか」と言うが、会話2ではロバートさんは既に行くことを許可されているので、「僕が行っていいんですか」のように「んです型」を使っている。

   なお、「……てもいい」は「……ていい」よりフレキシブルなニュアンスがある。

5. 三つ以上の物や人を比較するとき、個々の名詞を挙げない場合は「……の中で」となる。

   例：和食の中でどれが一番……

6. 話し言葉で広く使われる「……んです／の」と違い、書き言葉における「……のです／のだ」は使用に制限があり、理由や前後の状況を説明した

いときに持に使われる。

例：

1)　（夏休みの予定を聞かれて）

北海道に行くんです。（話し言葉）

北海道に行きます。（書き言葉）

2)　（会話を切り出すとき）

来月国へ帰るんです。妹の結婚式があるんです。（話し言葉）

来月国へ帰ります。妹の結婚式があるのです。（書き言葉）

上記の例では（2）の最後の文のみ理由・状況の説明になっているので、書き言葉に「……のです」が使われている。

7．「こそあど」の「こっち／そっち／あっち／どっち」を人を指すときに使うのは、親しい間柄の会話に限られる。

その他

1．「……語ができる」は、「……語が話せる」という意味で使われる。

2．「少しは」は、否定のニュアンスが含まれる。

例：少しはあります。（充分にはないという含みがある。）

第25課

テーマ：様態の表現「……ようだ」、「……みたいだ」。推量の表現「……か
　　　　もしれない」、名詞化「……の」、「……こと」など。

文章と会話

1．会話において、山田さんは普通体、トニーさんは丁寧体で話しているの
　　で、年齢または立場の上下が分かる。普通体で話す場合、男性と女性では
　　文末が異なり（その他1を参照）。山田さんは男性である。

2．この会話では佐藤さんが普通体、アリスさんが丁寧体で話している。話し
　　方から佐藤さんは女性である。

文法

1．様態や比喩を表す「……みたいだ」は話し言葉、「……ようだ」は書き言
　　葉及び改まった会話に使われる。いろいろな言葉に接続するパターンは表
　　に示してある。

2．「……かもしれない」は推量を表すが、「……でしょう／だろう」（第22
　　課参照）がほぼ確実であることを示すのに対し、「……かもしれない」は
　　可能性が五分五分と言ってよい。

3．「……かた」は行為の方法を表す。「やり方」、「使い方」、「読み方」、
　　「行き方」などは使用頻度が高いので、使えるようにしておくとよい。

4．「（普通体）の／こと」は名詞化に用いられるが、「……の」は助詞
　　（「は」、「が」、「を」など）を伴った形でのみ使われる。

　　例：（「を」を伴う場合）

　　　　1）田中さんが来るのを見た。

　　　　2）パーティーがあるのを知っていますか。

第26課

テーマ：義務の表現「……なければならない」。行為または行為後の方向を表す「……てくる」、「……ていく」など。

<u>文法</u>

1. 「ない」は、い-形容詞と同じ活用をする（第20課及び下表参照）ので、用言の否定形「……ない」の「て-形」は「……なくて」となる。但し動詞の「……ない」（ない-形）は「……ないで」となる場合があるが、この段階では詳述しなくてよい。（第33課文法４「……せずに」を参照）

	い・形容詞	ない
1. 否定形	[stem]くない	なくない
2. 丁寧形（肯定）	[stem]いです	ないです
3. 肯定形	[stem]い	ない
4. 仮定形	[stem]ければ	なければ
5. 推量形	[stem]かろう	なかろう
6. て-形	[stem]くて	なくて

2. 「て-形」は、成り行きの根拠を示す。「……ので」と似ており理由や原因を表すが、将来の行動理由には使われない。

3. 「……なければならない」の「……なければ」は「……ない」の仮定形（ば-形）である。「……なければならない」は、本人の意思に反してまたは意思に関係なく物事を行なわざるを得ないことを表す。また、書き言葉として規則や契約書に用いられる。

   会話では「んです-型」が使われ、表に示した「……なきゃならない」のほかに「……ないとならない」という言い方もある。

4. 感情や感覚を表す形容詞に用いる「……がる」は動詞であり、第三者の感

情や状態を表す。但しこの形が適用できる形容詞は限られている。また、主語は親しい人や子どもに限られる。

動詞から作られる「……たい」という形（第16課参照）は欲求を表すが、第三者に使われる「……たがる」はほとんどの場合、話者の子どもの欲求を表す。「……がる」、「……たがる」は状態を表す「……がっている」、「……たがっている」という形になることが多い。

なお、「……がる」、「……たがる」は、よりダイナミックに描写する働きがある。

比較：

1）子どもはスマホがほしい。

　　Vs.　子どもはスマホをほしがっている。

2）子どもは帰りたい。

　　Vs.　子どもは帰りたがっている。

5．終助詞「な（あ）」は、感情を強調するときに使われる。

6．「そんなに／それほど……ない」は「あまり……ない」に似ているが、考えるほど、想像するほどではないという含みがある。

7．「……てくる／いく」は、その動作が「来る」または「行く」という行為とともになされることを表す。

第27課

テーマ：意図の表現「……つもりだ」、「……か（どうか）知る」、考えや感
情の共有を表す終助詞「よね」など。

文章と会話

　二桁以上の数字を漢字で書くとき、「十」や「百」などを用いる。

文法

1．会話では「……つもりだ」は、主に話者の意図を表す。聞き手や第三者が
　　主語になることはあまりない。

2．「……か」または「……かどうか」は普通体に付加されるが、コプラ
　　「だ」は省略される。
　　例：日本人だかどうかか分かりません。

3．連体修飾節では主語を示すのに助詞「の」がよく使われる。但し、その主
　　語が「（名詞）の（名詞）」という形をとる場合は助詞「が」を用いる。
　　日本語では、文中に同じ助詞を2回使うのを避ける傾向がある。

4．会話でイントネーションを上げて「……でしょう」と言うと、相手に同
　　意・確認を求める意味合いになる。

5．「なる」は第22課で学習したが、「なってくる」は変化がまだ続いている
　　ことを表す。

6．終助詞「よね」は、考えや感情を相手と共有するときに付加する。
　　「よ」、「ね」との違いは表に示した通りである。

221

第28課

テーマ：条件、仮定の表現「……たら」、書き言葉「……である」など。

文法

1. 「……てくださいませんか」は「……てください」より丁寧な依頼である。指示には使わない。

   例：（病院で）

   　　　○　来週また来てください。

   　　　×　来週また来てくださいませんか。

   なお、「……ていただけますか」（第21課文法4参照）の方がやや丁寧である。

2. 「……たら」は条件・仮定を表し、行為・出来事、状態に対して用いられる。

   例：

   1）アリスさんが来たら、伝えて下さいませんか。（行為・出来事）

   2）時間があったら、外でお茶でも飲みませんか。（状態）

   また、「……たとき」（第30課文法1）と同じく、行為・出来事を前提にした使い方もある。つまり、「……たら」で表されることが仮定ではなく100パーセント確実に起こることを知っているときである。

   例：駅に着いたら、電話します。（駅に着くことは100パーセント確実）

3. 副助詞「でも」を付加すると、フレキシブルな意味合いが加わる。過去には使えない。

   例：映画にでも行きましょう。

   なお、「でも」を付けると助詞「が」と「を」は脱落する。

第29課

テーマ：条件、仮定の表現「……ば」、待遇表現「もらう」など。

<u>文法</u>

1．用言の仮定形（ば-形）は条件、仮定を表すときに用いられる。

  1）「……ば」で表現される部分が状態を表すときは、「……ば」と「……たら」（第28課文法2参照）のどちらを使っても良い。但し「（状態たら」は書き言葉には使わない。

    例：時間があれば、外でお茶でも飲みませんか。（状態）

      時間があったら、外でお茶でも飲みませんか。（状態）

    なお、「……たら」で表現される部分と、その後の部分が共に状態でなく、行為・出来事の場合は両者に時間的な前後関係がある。従って次の二文は意味が異なる。

    例：

    1）みんなが行けば、私も行きます。（行為・出来事。「みんなが行く」が条件）

    2）みんなが行ったら、私も行きます。（行為・出来事。「みんなが行く」が先）

  2）コプラと、い-形容詞の仮定形は表に示した通りである。「ない」及び用言の否定形「……ない」の仮定形は、い-形容詞に準じ「……なければ」となる。

2．文末に使われる動詞「よう形」は、丁寧な表現「……ましょう」と同じ意味である。

<u>その他</u>

  動詞「もらう」は、物を受けた人が主語になり、文は次のような形をしている。

（物を受けた人）が
　　（与えた人）に／から ｝ もらう
　　（物）を

「（人）に／から……もらう」において、（人）は「私（達）」以外である。物の動きは図に示した通りである。

　なお、「（他者１）が（他者２）に……もらう」も可能であるが、その場合は話者との関係において「（近い他者）が（遠い他者）に……もらう」のみ可能である。

　例：○　タンさんが（タンさんの）上司にもらった。
　　　×　係りの人が（私の）友達にもらった。

「（人）に／から」という格助詞の使い方に慣れるよう、よく練習する必要がある。

練習例：だれにもらったんですか。

　　　　（　　　）さんにもらったんです。

第30課

テーマ：時を表す連用修飾「……とき」、禁止の表現「……てはいけない」など。

文法

1．「とき」は名詞なので、名詞修飾の法則（第20課参照）が使える。

   1）いろいろな言葉に接続するパターンは表に示してある。

   2）動詞の場合、「（辞書形）とき」と「（た-形）とき」は意味が異なる。表を参照。「辞書形」や「た-形」は主節の時制に拘わらず、時間的前後関係があるときに用いられる。

   例：

     1）喫茶店を出るとき田中さんにお礼を言いたかった。（主節は過去）

     2）次に会ったときにも「この間はごちそうさまでした」と言う。（主節は現在・未来）

2．「……てはいけない」は禁止を表すので、使う場合は注意が必要である。

   1）「……てはいけませんか」は相手に可否を問う表現だが、「いけない」という言葉を使うと相手が反対するだろうとの想定を含むので、状況によっては無遠慮な響きがある。許可を求めるには、「……て（も）いいですか」を使うのが良い。

   2）「……てはいけないと思う」も、この段階では自分（達）の行為についてのみにとどめたほうが良い。禁止の伝達として「……てはいけないと言っていた」は使ってよい。

   3）「……てはいけません（よ）」は自分の子どもに対してなら使えるが、今日では「……てはだめ（です）よ」が一般的である。なお、「……てはだめです（よ）」は大人（目下・年下または親しい相手）に対しても使える。

要するに「……てはいけない」は使える場面が限られているので、こ
　　の表現は自ら使いこなすというより、耳にしたときに理解できれば良
　　い。

3．「このような／そのような／あのような／どのような」は名詞を修飾する
　　が、用言を修飾する場合は「このように／そのように／あのように／ど
　　のように」となる。口語では「こんなふうに／そんなふうに／あんなふうに
　　／どんなふうに／」などとなる。

4．「……中」は単語によって「……ちゅう」又は「……じゅう」と発音する
　　が、どちらでも良い単語もある。
　　例：1）（「……ちゅう」となる場合）午前中、食事中、睡眠中
　　　　2）（「……じゅう」となる場合）今日中、明日中、今年中

5．助詞「か」と同じ意味でフォーマルな言葉に「または」がある。

第31課

テーマ：時間的前後関係を表す「……まえに」、行為の結果としての状態
　　　　「……てある」など。

文法

1．「……まえに」は主節の時制に拘わらず辞書形を用い、時間的前後関係を
　　示すときに使われる。従って二つの文を接続するときは注意すること。

　　例：お客さんが来た。そのまえにいろいろなことを確認した。

　　　　→　お客さんが来るまえに、いろいろなことを確認した。

　　なお、主節が行為・出来事のときは「……まえ（に）」、主節が状態のと
　　きは「……まえ」となる。

　　例：

　　　　1）お客さんが来るまえ（に）確認した。（主節が行為・出来事）

　　　　2）お客さんがくるまえ、いそがしかった。（主節が状態）

2．「……てある」は他動詞のみで、誰かが意図的にその行為をした結果とし
　　ての目的語の状態を表す。自動詞の場合、出来事の結果の状態は「……て
　　いる」で表す。（第17課参照）

　　比較：

　　　　1）エアコンがつけてある。　Vs　エアコンがついている。

　　　　2）窓が閉めてある。　Vs　窓が閉まっている。

3．「……やすい／にくい」は全ての動詞に適用できるわけではない。

227

第32課

テーマ：アドバイスの表現「……た／ないほうがいい」、時間的前後関係を表す「……てから」、準備の表現「……ておく」など。

<u>文法</u>

1. 「……た／ないほうがいい」はアドバイスをするときに用いられ、「……て／ないでください」に比べ、相手の意思を尊重する意味合いがある。

2. 「……てから」は、動詞の「て-形」を用いて行為・出来事を接続するのと似ているが、より時間的順序を表す意味合いが強い。

   比較：1）予習をして寝る。（単に行動を述べている）

   　　　2）予習をしてから寝る。（まず予習をすることを明言している）

3. 「……ておく」は、何らかの準備としての行為を表す。他にも、それ以上のことをしないという意味もある（「放っておく」など）が、ここでは扱わない。

第33課

テーマ：「行く」、「来る」の目的に動詞を使う場合の表現「……に行く／来
る」、子どもに対する命令「……なさい」など。

文法

1. 動詞（補語を伴うものも含む）を「行く／来る」の目的に用いるときは、
   名詞形を使う。目的を表す格助詞「に」を使うのは、既習の「（名詞）＋
   に行く」と同じである。

   例：1）映画に行く。

   2）映画を見に行く。

2. 「……も＋肯定形」は、ある物事が通常の感覚より多い、大きいときなど
   に使う。「……しか＋否定形」の逆である。

3. 「……なさい」は、かなり目下の者にも使うことがあるが、この学習段階
   では自分の子ども以外には使わないこと。

4. 「……ず（に）……」は「……ないで……」と同じだが、グループ2の動
   詞で語幹が1音節の動詞にはあまり使わない。また、「来ずに」はほとん
   ど使われない。なお、「……ないで」の方が口語的である。

5. 副助詞「ばかり」は制限を示す「だけ」に似ているが、「……だけ」のよ
   うに他のものを完全に排除するというより、「いつも」というニュアンス
   を含んでおり、不満や批判、反省などを表していることが多い。

   比較：1）テレビだけ見ている。（他のことを全くしない）

   2）テレビばかり見ている。（勉強をしないことを批判）

   「ばかり」は格助詞「が」または「を」を伴う言葉に付加されると「が」
   と「を」は脱落する。（「……がばかり」、「……をばかり」）

   なお、「ばかり」を伴う言葉に格助詞「が」、「を」その他を付加するこ
   とはできる（「……ばかりが」、「……ばかりを」、「ばかりに」など）

が、この段階であまり触れなくてよい。

6. 用言の否定「……ない」の「て-形」は「……なくて」だが、動詞は「……ないで」となる場合がある。文の接続には「……ないで」を使う。但し、理由・原因を表すときは「……なくて」となる。（第26課文法２参照）

第34課

テーマ：行為・出来事の頻度を表す「……ことが多い／少ない」。二つ以上の
　　　　行為・出来事の表現「……たり……たりする」と「……ながら」。時
　　　　間的前後関係を示す「……たあと」。指示の伝言「……ようにと言
　　　　う」。

<u>文法</u>

１．動詞の「た-形」を用いる「……たことがある」が経験を表すのと異なり、
　　「辞書形／ない-形＋ことがある／多い／少ない」は行為・出来事の頻度
　　を示す。過去を表す場合は「辞書形／ない-形＋ことがあった／多かった
　　／少なかった」などとなる。
　　なお、このとき名詞化には「こと」を用い、「の」（第25課文法４参照）
　　を使うことはできない。

２．「……たり……たりする」は、一定の状況での時間的前後関係のない二つ
　　以上の行為・出来事を表し、二つの用法がある。
　　１）表現された行為・出来事だけではないことを示す。
　　　　例：山に登ったり、川で釣りをしたりした。
　　　　なお、これは名詞接続の「……や……など」に相当する。
　　　　例：山登りや釣りなどをした。
　　２）異なる二つの状況がランダムに起こることを表す。
　　　　例：暑かったり寒かったりする。

３．「……ながら」の用法は、二つの行為が同時になされる場合と、二つの状
　　態が同時期に続いている場合がある。
　　例：
　　　　１）パソコンでいろいろ調べながらレポートを書いていたんです。（同
　　　　　　時）

2）働きながら学校に通っている。（同時期）

4．「……たあと」は時制に拘わらず「た-形」を用い、時間的前後関係を示す
　ときに使われる表現で、「……まえ」（第31課文法1参照）の反対語であ
　る。
　なお、「……たあと」の主節が行為・出来事のときは「……たあとに」、
　「……たあとで」となることがある。
　例：
　　1）データを入力したあと（で）プリントして下さい。（主節が行為・
　　　出来事）
　　2）仕事が終わったあと、ひまです。（主節が状態）
5．「……ように（と）言う」は、「て／ないでください」などの指示を伝達
　する表現である。

第35課

テーマ：後悔、驚きを表す「……てしまう」、間もないことを示す「……・た
　　　ばかりだ」など。

文法

1．「……たらいいですか」は「……ばいいですか」と同じ意味だが、口語的
　　である。

2．「……てしまう」は、物事が予想外であることを表す。ここでは過去形の
　　みを扱う。

　　1) 予想外の速さや好結果を表現する場合

　　例：1) 30分ぐらいで訳してしまった。（予想外に速い）

　　　　2) こんなにもらっちゃった。（予想外の好結果）

　　2) 後悔や残念な気持ちを表す場合

　　例：壊れてしまった。（残念な気持ち）

　　3) 表に示すように、カジュアルな会話では「……ちゃう」、「……じゃ
　　　う」となる。

　　　　注意：「……てしまった」に完了の意味はない。「完了」として教え
　　　　　　　ると、過去形で表すべきことに「……てしまった」を使うとい
　　　　　　　う間違いを誘発することになる。あくまでも予想外の何かを感
　　　　　　　じたときにのみ用いること。

3．「……で」は、行為・出来事が通常より短時間・短期間に遂行されること
　　を表す。

4．「……たばかりだ」は、行為・出来事がなされて間もない（時間、日、月、年など）
　　ことを表す。何らかの含みがあり、事情を述べたいときに用いられる。

　　例：1) 4月に買ったばかりだ。（それなのにもう壊れた。）

　　　　2) 今帰ったばかりだ。（だからまだメールを見ていない。）

第36課

テーマ：逆説の表現「……のに」、義務の表現「……なければいけない」など。

文法

1．逆説の表現の「……のに」は「……けど／が」と違い、驚き、不満、称賛の意味を含む。

2．義務の表現「……なければならない」（第26課参照）は、話者の意思に沿ったことには使われないが、「……なければいけない」にはそのような制限はない。

　　比較：1）お見舞いに行かなければいけない。（意思は不明）

　　　　　2）お見舞いに行かなければならない。（本当は行きたくない）

会話では「んです-型」が使われ、表に示した「……なきゃいけない」のほかに「……ないといけない」という言い方もある。

「……なければいけません（よ）」は「……てはいけません（よ）」（第30課文法2参照）と同様、自分の子どもに対してなら使えるが、今日では「……なければだめ（です）よ」が一般的である。なお、「……なければだめです（よ）」は大人（目下・年下または親しい相手）に対しても使える。

　　例：1）行かなきゃいけませんよ。（自分の子どもにのみ）

　　　　2）行かなきゃだめですよ。（親しい人、自分の子どもに）

第37課

テーマ：様態の表現「……そうだ」、待遇表現「……てあげる」など。

<u>文法</u>

1. 様態の表現「……そうだ」は現在または近未来の状況に対する判断を表す。「……ようだ／みたいだ」（第25課文法1参照）に似ているが、動詞に使う場合は状況が差し迫っているという含みがある。

   比較：1）雨が降りそうだ。（差し迫っている様子）

   　　　2）雨が降るようだ／みたいだ。

   形容詞に用いる場合も、「……ようだ／みたいだ」に比べて主観的響きがある。

   比較：3）楽しそうだ。（主観が強い）

   　　　4）楽しいみたいだ。（主観が弱い）

   名詞には「……そうだ」は使われない。

2. 表に示すように「……だす」は使える動詞が限られているので、その都度覚えるのが良い。「……始める」はほとんどの動詞に使える。反対語の「……終わる／終える」も一部の動詞にしか使えない。

3. 「……てあげる」は、ある行為が相手や他者のためであることを表す。

   1）相手がなければ成立しない「貸す」、「見せる」、「教える」などは、よくこの形が使われる。

   2）「あげる」、「……てあげる」は、物や親切行為が図に示す矢印の方向となり、受益者が「私（達）」以外である。

   3）「……てあげる」は、目上の人を受益者にできない。目上の人には「お……ください」（第21課文法3参照）や「お……します」（第50課文法1参照）を用いる。

   　例：1）×　先生、貸してあげます。

235

○　先生、お使いください。

2)　×　先生、見せてあげます。

○　先生、ご覧ください。

3)　×　先生、持ってあげます。

○　先生、持ちましょう／お持ちします。

第38課

テーマ：待遇表現「……てくれる」、「……てもらう」、「……てやる」な
　　　　ど。

文法

1．「……てくれる／くださる」は、話者または話者の身近な人のために他者
　が行なう行為を表す。
　　1）「くださる」の活用は表に示すとおりである。
　　2）「くれる」、「……てくれる」は、物や親切行為が図に示す矢印の方
　　　向となる。尊敬表現「くださる」、「……てくださる」も同様であ
　　　る。従って「私（達）」は主語になりえない。
　　　例：×　私が貸してくれる。
　　　　　→　私が貸してあげる。

　　なお、主語と受益者の両方が他者であるときもあるが、その場合は受益者
　　の方が話者との関係が近い。それ以外の場合は「……てあげる」（第37課
　　文法3参照）を使う。
　　　例：小林さんが手伝ってくれた。（本文文章1書き手はエミリーさんに
　　　　　フォーカスしている）

2．「……てもらう」は、「もらう」（第29課その他参照）と同じく、受益者
　が主語であり、親切行為が図に示す矢印の方向となる。従って、親切行為
　の行為者は「私（達）」以外である。
　　　例：×　私に持ってもらう。
　　　　　→　私が持ってあげる。
　　尊敬表現「いただく」、「……ていただく」も同様である。「（人）にも
　　らう／いただく」と同様、親切行為の行為者には助詞「に」を使う。文は
　　次のような形をしている。

$$\left.\begin{array}{l}（受益者）が \\ （行為者）に\end{array}\right\} \quad ……てもらう／いただく$$

なお、「（他者1）が（他者2）に……てもらう／いただく」も可能であるが、その場合は話者との関係において「（近い他者）が（遠い他者）に……てもらう／いただく」のみ可能である。

例：田中さんは（タンさんに）その友達を紹介してもらう。

　　（本文文章2　書き手は田中さんにフォーカスしている）

3.「……てやる」は、自分の子どもや年下の家族のために何かをするのを第三者に述べる場合に「……てあげる」の代わりに使う。

例：子どもの学校も休みだから連れて(い)ってやろうと思うんです。

　　（本文会話2田中さんに述べている）

また、第三者に述べるのでなく、行為をする相手に対しても親しい間柄なら男性は「……てやる」をよく使う。なおこの言い方は、この学習段階では使うというより聞き取れればよい。（「持ってやる（よ）」、「教えてやる（よ）」など）

第39課

テーマ：動詞の名詞形による文の接続、伝聞の表現「……そうだ」及び限度超
えの表現「……すぎる」など。

文法

1．書き言葉では、文を並列に接続するとき動詞「て-形」の代わりに名詞形を
用いることがある。「て-形」を使うよりフォーマルである。なお、ここ
では触れなくてよいが、い-形容詞の場合は「て-形」の「て」を除いた形
になる。

例：今日は風が強く、寒い。＝　今日は風が強くて、寒い。

2．「……によると／よれば」は情報源を示す。人以外の情報源の場合は
「……では」を使ってもよい。

3．伝聞の「……そうだ」はどちらかと言うとフォーマルな響きがあり、日常
会話では「……らしい」（第40課文法１参照）などが使われる。

4．「……といいんですけど／いいのですが」は心配事があるときに良い結果
を望む場合に使われる。逆説を表す「……けど／が」の後に心配事が省略
されている。

比較：明日晴れるといいんですけど。（雨が降ることを心配）

明日晴れるといいですね。（単に晴れることを期待）

5．「……すぎる」は物事の数、量、程度などが通常の範囲を超えていること
を表す。動詞、形容詞に接続するパターンは表に示す通りである。

第40課

テーマ：伝聞の表現「……らしい」、条件を表す「……と」など。

<u>文法</u>

1. 「……らしい」は、この課では伝聞としての用法のみを紹介する。「……らしい」は「……そうだ」（第39課文法3参照）に比べて会話でよく使われる。

2. 「……ても」は、驚きの意味合いを含む逆説の表現で「……のに」（第36課文法1参照）と似ているが、不満や称賛などの含みは弱い。

   比較：1）薬を飲んでも熱が下がらないらしいんです。（事実の報告）

   　　　2）薬を飲んでいるのに熱が下がらないらしいんです。（驚き、不満）

   また、「……ても」は仮定にも使える。

   比較：3）明日は雨でも行くんですか。（「雨」は仮定又は既定）

   　　　4）明日は雨なのに行くんですか。（「雨」は既定）

3. 条件を表す「……と」のあとには、必然的・自動的に生じる結果が続く。従って話者の意思による行為の表現を続けることはできない。

第41課

テーマ：決定の表現「……ことになる」、「……ことにする」など。

<u>文法</u>

１．「……ことになる」は他者による決定を示す。通常、過去形「……ことに
　なった」として使われる。なお、動詞「決まる」を用いるときは「……こ
　とが決まった」となる。

　例：転勤することになった。＝　転勤することが決まった。

２．既習の「（名詞）＋にする」（第13課参照）と同様、「……ことにする」
　は自分（達）による決定・選択を示す。現在形で用いても、既に決定した
　ことを表す。動詞「決める」を使う場合は「……ことを決めた」となる。

　例：今月中に移ることにする／した。＝　今月中に移ることを決めた。

３．副助詞「ばかり」（第33課文法５参照）を動詞に用いるときは「……てば
　かりいる」となる。

　なお、「ばかり」を「する・動詞」に用いるときは「（名詞）ばかりして
　いる」又は「（名詞）してばかりしている」となる。

　例：1）勉強ばかりしている。

　　　2）勉強してばかりいる。

第42課

テーマ：現状保持の表現「……まま」、範囲の限界を示す「少なくても／多くても……」、困難を表す「なかなか……ない」など。

<u>文法</u>

1．「……まま」は、意図してまたは誤って次の手順を踏まずに現状が続くことを意味する。

  例：1）電気をつけたまま（誤って）

  2）そのままでいい．（意図して）

2．「……ても」は数、量、時間などの概念を内包する「い-形容詞」と共に用いられ、動詞を使うときは助詞「は」を伴うことが多い。つまり、「……ても……は＋（動詞）」となる。

  例：1）少なくても6時間は寝る。（6時間以上寝る）

  2）遅くても8時には起きる。（8時以前に起きる）

3．「なかなか……ない」は、物事が期待通りに若しくは意図するようには簡単にできないとき、また早くなされないときに用いる。

  例：1）なかなか寝られない。（寝たいのに簡単に寝られない）

  2）なかなか来ない。（待っているのに早く来ない）

第43課

テーマ：行為開始の意図「……ようとする」、過去の行為・出来事の成り行き
　　　　を表す「……たら……」など。

<u>文法</u>

1．意図の表現「……ようとする」は本課では意志動詞のみ扱う。ある行為を
　　これからすぐに始めることを表すが、過去形「……ようとした」は、それ
　　を始める前に予想外の出来事が起きたことを示唆する表現である。

　　例：行こうとしたんです。（何らかの障害が起こり、行けなかった）

2．文の主節が過去形の場合、「……たら……」は、条件・仮定を表現する
　　「……たら」（第28課文法2参照）と異なり、行為・出来事とその成り行
　　きに用いる表現である。即ち過去形で「（行為・出来事）たら＋（その成
　　り行き）」となる。なお、この課では予想外の成り行きを扱っているが、
　　想定内の変化にも使える。

　　例：1）食事をしたら、痛くなったんです。（予想外のこと）

　　　　2）薬を飲んだら、よくなりました。（想定内の変化）

第44課

テーマ：受身表現など。

文法

1．受身表現は、行為を受けた人や行為の対象物をフォーカスしたいときに用いる。行為をした人は受身表現では「（人）に」と表される。「（人）に……れる／られる」において（人）は「私（達）」以外である。受身文は次のような形をしている。

（行為を受けた人や行為の対象物）が ⎫
　　　　　　　　　　　　　　　　　　⎬……れる／られる
（行為者）に　　　　　　　　　　　　⎭

なお、「（行為者）から」が使われる場合もあるが、ここでは詳述しなくてよい。

1）能動文において人が他動詞の目的語つまり「（人）を」という形になっており、その人をフォーカスしたい場合、受身形「（人）が……れる／られる」を使うことができる。

例：リムさんをほめた。→リムさんがほめられた。

2）能動文において人が動詞に対して「（人）に」という形の対象語であり、その人をフォーカスしたい場合、受身形「（人）が……れる／られる」を使うことができる。

例：

1）田中さんに(来るようにと) 言った。→田中さんが(来るようにと) 言われた。

2）山田さんに（その仕事を）頼んだ。→山田さんが（その仕事を）頼まれた。

但し恩恵の意味合いを含む動詞は受身形を使わず、「……てもらう」（第38課文法2参照）を用いる。

例：1）ホーさんに教える。

　　　　→　○　ホーさんが教えてもらう。

　　　　　　×　ホーさんが教えられる。

　　2）チャンさんに貸す。

　　　　→　○　チャンさんが貸してもらう。

　　　　　　×　チャンさんが貸される。

3）能動文において他動詞の目的語になっている物事に焦点をあて、かつ主語が重要でないときや特定する必要のない場合、受身形「（物事）が……れる／られる」を使うことができる。但しフォーマルな表現なので一部の動詞以外はあまり使われない。

例：（能動文）シンガポールでは英語を使っている。（一般的表現）

　　（受身文）シンガポールでは英語が使われている。（フォーマルな表現）

なお、受身文「（行為者）に……れる／られる」の格助詞「に」の使い方に慣れるよう、よく練習すること。

練習例：1）だれにさそわれたんですか。

　　　　　（　　）さんにさそわれたんです。

　　　　2）だれに聞かれたんですか。

　　　　　（　　）さんに聞かれたんです。

2．「……ことができる」は動詞の可能形と同じ意味である。

　1）可能形は話し言葉にも書き言葉にも使われるが、「……ことができる」は会話ではほとんど使われず、書き言葉に用いられる。

　2）二つ以上の行為について述べるときは、話し言葉にも書き言葉にも用いられる。

第45課

テーマ：迷惑受身など。

<u>文法</u>

迷惑受身「……れる／られる」は、他人の行為によって不快な目に会ったときに用いる表現である。行為者に対する責めの含みがあるので、使用には注意が必要である。

1）不快な経験をした人にフォーカスする表現なので、その人が主語になる。

2）通常の受身表現（第44課文法1参照）と同様、行為を行なった人や受けた人以外の文の要素は能動文と同じ（助詞）である。

3）通常の受身表現と同様、行為をした人（責めたい相手）は「（人）に」と表される。

不快な経験をした人）が ⎫
　　　　　　　　　　　　　⎬ ……れる／られる
（責めたい相手）に　　　 ⎭

4）自動詞にも他動詞にも使える。

5）例外的な用法として天候、気候災害について「雨に降られる」などがあるが、物事を擬人化している表現であり、他には応用できない。

迷惑受身は攻撃的な響きがあるので、注意点を挙げておく。

1）この学習段階では、ネガティブな意味を内包している動詞「盗む／とる」、「壊す」、「汚す」、「（否定的なことを）言う」などにのみ使う。但し行為者が知人の場合は使わないこと。

2）ネガティブな意味を内包していない動詞が使われる場合「（人が）（物事を）……れる／られる」は形の上では通常の受身と迷惑受身は同じであり、迷惑受身かどうかは状況による。

例：1）お礼を言われた。（通常の受身）

　　　文句を言われた。（迷惑受身）

　　2）道を聞かれた。（通常の受身）

　　　（女性が）体重／年齢を聞かれた。（状況により迷惑受身）

第46課

テーマ：動詞の禁止形と命令形など。

文法

　動詞の禁止形と命令形はそのまま使われるケースは限られており、ほとんどは引用文で用いられる。

1) 禁止形と命令形の作り方は表に示した通りである。

2) 使用法は次の通りである。

　A. そのまま文末に使うのは、男性が強く禁止・命令をする（軍隊など）、交通標識、緊急事態に限られる。

　B. 終助詞「よ」を付けて、男性が親しい人に用いる。

　C. 引用文「……と言う」などの中で使われるが、カジュアルな表現であり、丁寧に言うときは「……ように（と）言う」（第34課文法5参照）が使われる。

第47課

テーマ：使役動詞（動詞の使役形「せる／させる形」）、時を表す「……とこ
　　　　ろだ」など。

<u>文法</u>

1．本課では、人に対する使役文のみ扱う。使役文はかなり目下の者に対する
　　表現なので、話者を主語にして文末に使役形をそのまま使えるケースは少
　　ない。使役文は次のような形をしている。

　　　　（影響を与える人）が　　　〕
　　　　　　　　　　　　　　　　　　〕……せる／させる
　　　　（影響を受ける人）に／を　〕

　1）使役形の作り方は表に示した通りである。

　2）使役形（「せる／させる形」）は使役動詞と呼ばれる新たな動詞（G2-
　　　動詞）となり、活用変化をする。

　3）「……（さ）せて下さい」は「せる／させる形」の代表的な用法で、
　　　ある行為を行なうことに対して許可・同意を求める表現であり日常よ
　　　く使われある。

　　　例：1）やらせて下さい。（やりたいとき）

　　　　　2）帰らせて下さい。（帰りたいとき）

　4）使役文は、目上の人がある行為を相手に行なわせる表現だが、その場
　　　合相手の意思を無視して行なわせる場合と、相手が欲する通りに行な
　　　わせる場合がある。

　　　A．表に示した動詞は「（人）に……せる／させる」という形をとり、
　　　　　状況によりどちらかの意になる。

　　　B．表に示した動詞は、「（人）を……せる／させる」ではその人の意
　　　　　思を無視、「（人）に……せる／させる」ではその人の意思通りに
　　　　　という意味になる。

例：1）子どもを買い物に行かせる。（子どもの意思を無視）

　　　2）子どもに旅行に行かせる。（子どもの意思通りに）

5）表に示したような無意志動詞は「（人）を……せる／させる」という
　　形をとり、動詞の性質上相手の意思には無関係である。

上記（4）、（5）の「（人）に／を……せる／させる」において（人）は
「私（達）」以外である。

2．「……ところだ」はある行為の直後であることを表す。「……たばかり
　　だ」（第35課文法4参照）に似ているが、「ばかり」のような含みは特に
　　ない。次の例文（2）の括弧内は含みの例である。

　　比較：

　　1）半分できたところです。（単なる事実）

　　2）半分できたばかりです。（だから今日中に全部やるのは無理です。）

　　なお、「……ところだ」は行為の直前、最中を表すのにも用いられる。

　　（第50課文法4参照）

第48課

テーマ：尊敬語、使役の受身など。

文法

1. 敬語は親しくない相手と話すときや目上の人を話題にするときに使われるが、第21課で学んだことをマスターしていれば日常生活では充分である。本課で紹介する尊敬語は、かなり目上の人と話すときや改まった状況で用いられる。

   1) 動詞

      A. 動詞の尊敬語「お……になる」は、第21課で紹介した尊敬語「……れる・られる」に比べ、フォーマルで今日では使用頻度は少ない。

      B. 表に示した例外動詞のうち、「くれる」と「知る」については「れる・られる形」は使わない。また「寝られる」、「食べられる」もほとんど使われず、ここに示した形が一般的である。

   2) 形容詞

      相手の状態についての形容詞に「お」を付けることができるものは限られており、その都度覚えるのがよい。「ご」を付ける言葉もあるがここでは触れなくてよい。

   3) 名詞

      相手に関する名詞に「お」や「ご」を付けるのは、現段階ではここに掲げたもののみ覚えればよい。

      A. 「お」は訓読みやひらがなで表す言葉に付ける場合が多いが例外がある。

      B. 「ご」は音読みの言葉にを付ける。

2. 「お……になってください」は「お……ください」（第21課文法3参照）

と同じで、目上の人に何かを勧めるときや、アドバイスをするときに用いられるが、「お……ください」に比べて使用頻度は少ない。

3．使役の受身「される・させられる形」

    1）動詞「される・させられる形」の作り方

        A．グループ1動詞は「a-段」に「される」を付けるのが一般的だが、活用ラインが「さ行」の動詞は「させられる」を付ける。

        B．その他の動詞は、使役形の「させる」の部分を「させられる」にする。

    2）動詞の「される・させられる形」は「せる／させる形」と同様、グループ2の動詞である。

    3）使役の受身表現「……される／させられる」は構造上、迷惑表現である。意味は「……なければならない」に似ているが、誰かまたは何かによって強制的にその状況にされるという意味が強まる。従ってその原因を作った人または事情を責める含みがある。

比較：1）待たされる。　　Vs.　待たなければならない。

      2）買わされた。　　Vs.　買わなければならなかった。

使役の受身文は次のような形をしている。

（行為者）が

（原因を作った人）に   ……される／させられる

なお、「（人）に……される／させられる」において（人）は当然「私（達）」以外である。

第49課

テーマ：尊敬語、変化の表現「……くする」、「……にする」、「……ように
する」など。

<u>文法</u>

1．動詞が連結されているパターン「……ている」、「……てみる」、「……
に行く／来る」などを尊敬語にするときは、最後の動詞（「いる」など）
のみを尊敬語に変えればよい。

2．動詞「する」は変化の表現であるが、動詞「なる」（第22課文法4参照）
と異なり、自らの努力や意図によりコントロールすることを示す。表に示
すように「……くする」、「……にする」、「……ようにする」などと語
句が接続される。なお「……ようにしてください」は、「……て／ないで
ください」に比べて間接的な言い方である。

第50課

テーマ：謙譲語、忠告の表現「……ばいいのに／よかったのに」など。

<u>文法</u>

1. 敬語、特に尊敬語は親しくない人と話すときや目上の人を話題にするときに使うが、謙譲語はあまり使わなくても失礼にはならない。但し、かなり目上の人や改まった場所では使った方がよい。ここでは動詞のみ扱う。

   1）「お……する」及び表に示した動詞は、自分の行為が相手に関係のある時に用いる。ただし「いただく」は相手に関係ない物についてもよく使われる。

   2）動詞が連結されているパターン「……ている」、「……てもらう／あげる」、「……に行く／来る」などを謙譲語にするときは、最後の動詞（「いる」など）のみを謙譲語に変えればよい。但し「……てあげる」（第37課文法３参照）は、目上の人を受益者にできないため、「……てさし上げる」という表現も使える場面は限られている。この学習段階では「……てさし上げます」の代わりに「お……します」を使うのがよい。

      例：

      1）電話番号を教えてあげます。　→　電話番号をお教えします。

      2）写真を見せてあげました。　　→　写真をお見せしました。

      3）宅配便で送ってあげます。　　→　宅配便でお送りします。

   3）する動詞には「お」または「ご」を付けるだけでよい。「いたします」は、かなり目上の人と話すときやサービス産業で使われる。

2. コプラ「です」および「あります」の丁寧語「ございます」（第21課その他２参照）は今日ではあまり使われない。学習者は耳にしたときに理解できればよい。

3．「……ばいいのに／よかったのに」は、相手又は他者の現在や過去の行為
　　に同意せず、異なることを忠告したり、異なる意見を述べたりするときに
　　用いられる。

　　例：

　　1）自分で作ればいいのに。（学生がコピーばかりしているので）

　　2）中村課長に手伝ってもらえばよかったのに。（一人では無理だと思っ
　　　　て）

　　なお、「のに」は逆説を表す（第36課文法1参照）ので、「……ばいいの
　　に／よかったのに」の後には「なぜそうしないのか／しなかったのか」な
　　どが省略されている。

4．「……ところだ」は、ある行為の直後を表す（第47課文法2参照）だけで
　　なく、行為の最中、直前であることを表すのにも用いられる。

　　例：

　　1）これから食べるところです。（直前）

　　2）食べているところです。（最中）

　　3）今食べ終わったところです。（直後）

◎著者プロフィール

海老原峰子（えびはら・みねこ）
上智大学理工学部数学科卒業。1985年にシンガポールで日本語学校設立。
動詞活用一括導入の教授法を開発し、教授法と学習用ソフトで特許取得。これまでに、教科書『ニュー・システムによる日本語』（本編及び続編）、著作『日本語教師が知らない動詞活用の教え方』（現代人文社、2015年）、『日本語教師として抜きん出る』（同、2020年）を出版。

◎訳者プロフィール

張金塗（チヨウ・キン・ト）　日本国立広島大学日本語教育学博士
【経歴】
国立高雄第一科技大学応用日語系創系主任
国立高雄第一科技大学外語学院院長
国立高雄第一科技大学応用日語系教授
日本国立広島大学台湾交友会初代会長
高雄市台日経済文化交流協会初代理事長

【著／訳】
『五専応用日本語学科の変遷と展望』（致良出版社）
『日本貿易書信範例』（五南図書）
『日語表達方式学習辞典』（中文総監修、鴻儒堂出版社）など

◎音声

鴻儒堂出版社制作
New System Japaneseのウェブサイト内

ニュー・システムによる日本語〔中国語版〕（下）

2024 年 5 月 28 日　第 1 版第 1 刷発行

著　者…………海老原峰子
訳　者…………張金塗
発行人…………成澤壽信
発行所…………株式会社現代人文社
　　　　　　　〒160-0004　東京都新宿区四谷2-10八ッ橋ビル7階
　　　　　　　振替　00130-3-52366
　　　　　　　電話　03-5379-0307（代表）
　　　　　　　FAX　03-5379-5388
　　　　　　　E-Mail　henshu@genjin.jp（代表）／hanbai@genjin.jp（販売）
　　　　　　　Web　http://www.genjin.jp
発売所…………株式会社大学図書
印刷所…………株式会社ミツワ
装　幀…………加藤英一郎

検印省略　PRINTED IN JAPAN　ISBN978-4-87798-856-2　C0081
© 2024 Ebihara Mineko

本書は、「鴻儒堂出版社」（台湾台北市）の版を用いて、日本で出版したものである。